W0241115

DÉLICES D'INITIÉS

frédérick e. grasser-hermé

photographies hartmut kiefer

délices d'initiés

dégelez vos habitudes et cuisinez les produits mythiques du XX(I)e siècle

noesis

c’est rhum baba bon !!!

A Pierre Hermé, prince des saveurs sucrées qui constelle la planète de pâtisseries étoilées, toute ma reconnaissance du ventre...

Surtout pour avoir plongé sans vergogne dans une association de bienfaiteurs. Pour avoir contribué au succès dans l'anonymat d'une gamme de gâteaux surgelés avec un industriel du biscuit et une épicerie aussi fine et réputée que la Madeleine de Proust...

Doux Jésus ! C'est une bénédiction du ciel, votre audace nous sera remboursée. Quand même ! Oser vendre aux méga-super-hyper-maxi-tout pour l'unique plaisir de pouvoir se délecter de tartes surgelées aux abricots surfant sur de la crème d'amandes au nougat, des aux pommes mouillées au lait d'amandes avec des raisins et plein de pignons dedans, des macarons gonflés de vanille crèmeuse, d'autres avec de la compote de framboises mélangés à des pêches gavées de sucre, des montagnes de brownies nimbés de crème au chocolat amer... Tous ces petits plaisirs glacés, ces petits riens qui font les beaux dimanches de la vie.

A ma mère Nade, baronne de Rochebelle, à mon papa Alfred-Joseph que je chéris et remercie chaque jour de ne jamais m'avoir rien interdit de manger. Ils m'ont permis de découvrir le vrai goût du goût, celui que l'on aime.

sommaire

l'aveu

Nourrisson, je ne donnais pas dans le lolo maternel mais tétait le lait en poudre de ma seconde maman Blédine-Jacquemaire. Petite fille, je préférais manger mes petits pots Blédina bien meilleurs que la soupe à Toto, lécher des sucettes à l'anis, sucer des tas de bombecs du marché achetés au kilo, croquer tout plein de petits poissons gaufrettes fourrés à la confiture de framboise.

enquête au-dessous

profil du coupable

Le délice d'initié, c'est quoi ? C'est un plaisir qui se déguste sans partage. Celles et ceux qui savourent en cachette des produits mythiques, labels au bois dormant façon industrie : La vache qui rit, le Caprice des dieux, le pâté Hénaff, la mayo en tube Lesieur, le Lait concentré sucré Nestlé, les raviolis Buitoni... bref ! tous les accros aux P.G.C. (produits de grande consommation) savent très bien ce que je veux dire.

Entre coupables il n'est pas nécessaire de se parler, un coup d'œil suffit pour se comprendre. Les adeptes de ces « délices d'initiés » ne peuvent en aucun cas substituer une marque à une autre. Tout faux-semblant est banni : ça n'aurait plus rien à voir ! Le délit d'initié est inavouable comme le péché. Celui ou celle qui s'y adonne ne sera plus condamné à rester un incompris, dès la lecture de Délices d'Initiés.

ainsi soient-elles !

Ça y est, le mot est lâché, le goût français se pète la gueule. Il faut redonner coûte que coûte à la Nation le « goût du goût ». C'est sur ce thème très sérieux que le ministère de l'Agriculture, sous le mandat de Philippe Vasseur, avait demandé illico presto *de nous ressaisir, mesdames.*

Eh bien ! C'est encore à cause de nous les femmes ?

de tout soupçon

la truc-cuisine

On est dans l'ère de la « truc-cuisine », alors pourquoi pas en profiter à fond-à fond... Nous baignons bien dans l'univers de l' « easy-listenning », une musique « spécial-ascenceur » qui s'étire de bas en haut. Valérie Lemercier est la porte-parole de la kitchen-music avec « Goûte mes frites ». Pendant qu'on y est, pourquoi ne pas créer « l'easy-eating », « le facile à manger » ! C'est after-branché très nouveau genre, et les initiés en redemandent. C'est la cuisine de l'extrême, celle en ondes de choc, celle du XXIe siècle : la fusion-food.

Femmes, je vous aime !

Ces messieurs pleurnichent sur leur terroir-caisse. Plus le temps de rien. Quelques chiffres pour mieux comprendre : en 1965 on passait 2 h 30 à table pour les 3 repas contre 1 h 20 aujourd'hui, ce qui nous amène à 30 minutes par repas en tenant compte du petit déjeuner auquel nous consacrons 19 minutes actuellement contre 5 minutes en 1965. A ce régime, plus de temps pour concocter à nos hommes leurs petits plats préférés, ceux de belle-maman avec qui, de toutes façons, vous ne pourrez jamais lutter. Chez leur mère, y'a pas meilleur... Vous ne pourrez revendiquer votre statut de cuisinière à part entière que le jour où votre belle-mère cédera tout copyright sur sa progéniture. Cette ultime reconnaissance vous procurera un minuscule plaisir qui vous transpercera de bonheur jusqu'à l'os. Ces messieurs nous reprochent d'être juste bonnes à courir aux méga-super-hyper-maxi-tout pour remplir notre fameux panier de la ménagère de moins de 50 ans lorgnés par les spécialistes du marketing. Les médias-planneurs envisagent même d'intégrer dans les « sociaux-styles » les moins de 60 ans pour élargir la cible. Il paraîtrait qu'ils nous connaissent, au bureau d'études, qu'on est référencé et découpé en segments. On représente le cœur de cible : nous, notre porte-monnaie et notre panier. On régente la grande distribution : 64 % d'entre nous y foncent ventre à terre contre 11% en 1965. Bref ! ils nous adorent, ils nous vénèrent, et tous ceux qui ont quelque chose à vendre nous adulent, vu qu'on engloutit au bas mot des quintaux de nouilles et de coquillettes, des hectos de couscous et encore plein d'autres trucs pas toujours racontables. Alors, ne soyons pas hypocrites, les chiffres sont là pour nous le rappeler.

Pour ma part, j'idolâtre par-dessus tous les sandwichs américains, juifs, anglais, ou ceux, très snobs, qu'on mange à la fourchette. Et pourquoi pas, les jours de grande soif, pour se couper le souffle, s'avaler un maxi-Coke servi dans un maxi verre en carton ? C'est maxi-bon.

Mais ce que j'aime le plus, ce sont les délices d'initiés, les petits trucs interdits parce j'aime tout ce qui est prohibé.

Dieu est du fromage fondu ♦ Salvador Dali

Y'A BON BANANIA

nom du produit : *Banania est un petit déjeuner cacaoté, savant mélange équilibré de poudre de cacao, de céréales, de banane et de miel, héritier du fameux chocolat des Mayas et des Aztèques !*

conditionnement : *boîte jaune en carton rigide à l'effigie d'un tirailleur sénégalais coiffé d'une chéchia rouge à pompon bleu. Sourire aux lèvres, le héros mythique de l'affichiste Hervé Morvan déguste, avec délice, une tasse de chocolat fumant. Un capuchon de plastique protège l'opercule – la membrane en aluminium –, isolant la poudre de cacao.*

créateur : *Pierre-François Lardet, ex-banquier, ex-journaliste, grand amateur d'art lyrique, parcourt le monde pour couvrir les événements musicaux. Il conserve un souvenir tout particulier des boissons qui lui sont servies dans un village du Nicaragua. Grâce aux compétences d'un ami pharmacien, il reconstitue la recette de ce produit miracle. Ils parviennent à retrouver la délicate saveur et l'effet tonique du breuvage en mélangeant cacao, sucre, farines de céréales et de banane. En 1912, la recette historique voit le jour.*

date d'origine : *C'est Blanche, sa femme, qui trouve le nom de cet aliment « à la fois exquis au goût et nutritif ». En 1914, la marque Banania est déposée. En 1915, Lardet eut la géniale idée d'associer la marque Banania à l'image du tirailleur sénégalais. Rachetée en 1988 par la SPM (Société des produits du maïs), Banania est toujours l'une des marques phare dans l'univers des poudres cacaotées. La SPM devient CPC France (Corn Product Company). Courant 1999, elle devient Bestfoods France.*

fabricant : *Bestfoods France. L'usine de Faverolles, dans la Somme, fabrique des poudres cacaotées selon la tradition des procédés de granulation largement automatisés, permettant la dissolution instantanée dans le lait. La recette traditionnelle vous donne un velouté unique parce qu'elle est à cuire à la casserole et non au micro-ondes. Sans cette indispensable précision, vous ne pourriez pas obtenir toute l'onctuosité et l'arôme du petit déjeuner Banania d'autrefois.*

ingrédients : *sucre, cacao fortement dégraissé : 25 %, céréales biscuitées (farine de froment, farine d'orge, farine de blé malté), farine de banane, miel, arômes : vanilline, sel.*

slogans publicitaires : *« Banania, le meilleur de tous les déjeuners du matin », « Banania reconstituant énergétique ».*

BANANIA
La recette traditionnelle
à cuire

PANIIER DE LA MÉNAGÈRE POUR 4 AFFAMÉS

PREMIÈRE VERSION

52 g de poudre Banania
100 g de beurre pommade
1 petite pincée de fleur de sel
1 baguette croustillante
1 c à soupe de sucre Rapadura

DEUXIÈME VERSION

20 g de poudre Banania
1/2 banane
1 baguette croustillante
10 g de beurre salé
la chair d'1 fruit de la passion
2 tours de poivre moulu de la Jamaïque

Première version. Laissez le beurre à température ambiante. Pesez 52 g de poudre Banania, ajoutez-le au beurre pommade, salez et malaxez le tout afin d'obtenir une texture souple. Enfournez la baguette à 180° (th 6) pendant 3 mn. Puis, à l'aide d'un couteau scie, tranchez-la en deux dans la longueur. Une fois tiède, tartinez la première tranche d'une épaisse couche de beurre de cacao. Saupoudrez-la avec un peu de sucre Rapadura et mordez. Réservez la seconde tranche pour la deuxième version.

Deuxième version. Épluchez la banane, mangez-en une moitié, y'a plein d'énergie. Avec 20% de glucides qui donnent du punch, elle contient aussi de la sérotonine, un médiateur chimique du système nerveux réputé pour son effet antistress. Et comme chantait Maurice Chevalier : « J'aime bien les bananes, parce qu'y a pas d'os dedans ! » Coupez l'autre moitié en sifflets de 2 cm d'épaisseur. Tartinez la seconde tranche de pain avec le beurre salé, saupoudrez généreusement de cacao Banania. Disposez les morceaux de banane crue sur la tartine, parsemez de fruits de la passion, poivrez légèrement.

Cette tartine n'est pas seulement énergétique et riche en potassium. Le poivre de la Jamaïque encanaille le fruit de la passion qui aiguillonne le palais. C'est bon comme le plein d'épices.

TRUC PÂTISSERIE

Le sucre Rapadura est un sucre brun 100% naturel très aromatique, au goût subtil de réglisse, que l'on trouve dans toutes les boutiques bio. A défaut, vous pouvez acheter du sucre Moscovado, c'est presque la même chose. On les utilise chacun en condiment. La banane est pleine de pectines et c'est ça qui contribue à son onctuosité. Mais ce n'est pas tout. Son acide malique la rend rafraîchissante et, cette fois, c'est pour ça qu'on l'aime.

PANIER DE LA MÉNAGÈRE POUR 4 INTRÉPIDES

GANACHE BANANIA

250 g de poudre Banania
250 g de crème épaisse
3 jaunes d'œufs
60 g d'abricots moelleux
1 c à café de liqueur d'abricot (facultatif)

SAUCE PAMPLEMOUSSE

150 g de Fruissonade pamplemousses roses
40 cl de jus de fruits pomelos
1 pomelos « Ruby » (Floride)

LAIT BANANIA

50 g de poudre Banania
0,5 l de lait
0,5 l d'eau

1 paquet de feuillets à ravioli chinois

Préparez la ganache. Dans une casserole au bain-marie, délayez Banania en ajoutant au fur et à mesure la crème épaisse, jusqu'à consistance d'une mayonnaise. Hors du feu, à parfait refroidissement, liez avec les jaunes d'œufs en une seule fois. Coupez les abricots en petits dés, ajoutez-les à la préparation, parfumez de liqueur selon votre goût. Mettez 1 h au frigo.

Préparez la sauce pamplemousse. Diluez la *Fruissonade* dans le jus de pomelos de manière à obtenir une sauce à la fois épaisse et souple. Pelez l'agrume, détaillez la pulpe en cubes.

Sur le plan de travail, disposez les feuillets à ravioli, coupez des ronds de 7 cm de diamètre avec l'emporte-pièce.
Au centre des ronds de pâte, déposez une noix de ganache Banania, recouvrez d'un autre rond et collez-les ensemble, à l'aide du pouce, en appuyant au plus près de la ganache. Redécoupez les ravioli à l'emporte-pièce de 5 cm de diamètre.
Pour la cuisson, choisissez votre option. Dans le lait Banania à ébullition, plongez les raviolis et dès qu'ils remontent, environ 2 mm plus tard, c'est cuit ! A la vapeur, posez les ravioli dans le haut du couscoussier huilé, environ 3 mm, ça marche aussi !

Nappez le fond des assiettes de sauce pamplemousse, parsemez de cubes de pomelos, posez 4 ravioli en rosace et répartissez le restant de sauce : y'a bon !

TRUC PÂTISSERIE

Vous trouverez la pâte à ravioli dans toutes les boutiques asiatiques. Conditionnée en paquet de 250 g, liassée en 38 feuillets carrés farinés prêts à l'emploi. La liqueur d'abricot sait se faire discrète et sera la complice sournoise qui sublimera la ganache Banania. Aucune trace d'alcool n'est à craindre au goût. Les abricots secs deviennent moelleux en les cuisant à la vapeur. on en trouve au « rayon pâtisserie » des hyper-super-maxi tout.

PANIER DE LA MÉNAGÈRE ASIATE POUR 4

POUR LA GANACHE

400 g de poudre Banania
3 feuilles de gélatine alimentaire
25 cl de lait
100 g de chocolat amer
100 g de beurre tempéré

50 g de beurre clarifié
1 paquet prédécoupé de pâte pré-découpée « Tyj spring roll pastry » spéciale nems (épiceries asiatiques)

Préparez la ganache. Rincez les feuilles de gélatine à l'eau froide. Portez la moitié du lait à frémissement, plongez les feuilles et faites-les fondre dans le lait. Dans une terrine, diluez Banania avec l'autre moitié du lait, amenez la texture à la consistance d'une mayonnaise. Dans une casserole, faites fondre le chocolat amer au bain-marie. Ajoutez le beurre. Mélangez le chocolat fondu avec le cacao sans oubliez d'ajouter la gélatine diluée.

Façonnez des boudins de 15 mm de diamètre et de 20 cm de long, enveloppez-les dans un film étirable, stockez-les au congélateur jusqu'à parfait durcissement. Dans les boudins congelés, coupez des bouchons d'une longueur de 5 cm.

Imbibez au pinceau chaque carré de pâte de riz de beurre clarifié. Enroulez chaque cylindre de ganache Banania dans un carré de pâte et suivez les indications du paquet pour la fabrication des nems. Faites-les frire dans un bain d'huile à 180°. Égouttez-les, puis épongez-les sur du papier absorbant.
Servez les nems légèrement tièdes, accompagnés d'un sirop de menthe agrémenté de quelques feuilles de menthe fraîche ciselée finement ou alors, avec un jus de citron bien sucré mélangé à quelques graines de sésame.

TRUC PÂTISSERIE

Paul Pairet, chef au Café Mosaïc, tutoie la cuisine d'aujourd'hui. De Sydney à Hong Kong, il trouve des sources d'inspiration et les conjugue avec bonheur.

Le beurre clarifié s'obtient en faisant mousser du beurre 2 à 3 minutes à feu vif et en le passant à l'étamine (fine passoire).

SKETCHES

La tartine Banania du goûter est un souvenir fort de ma petite enfance, un sentiment rassurant attaché à ma mémoire. Parfois, je me sens submergée par ces saveurs éphémères de ma jeunesse…

Tremper ou ne pas tremper ? That is the question de Jean-Paul Géné. La difficulté dans le trempage, c'est d'évaluer le temps nécessaire au liquide pour mouiller le solide. Sinon, petit déjeuner en solitaire obligatoire ! Vous éviterez ceux qui laissent baver leur croissant dans le café (quoique, c'est tellement bon), celles qui plongent leurs tartines beurrées qui font des yeux à la surface du crème, ou ceux qui égouttent leur sandwich au camembert sur le rebord du bol (y'a bon). Un véritable baquet de plaisir !

nom du produit : *le ravioli « B » pur bœuf Buitoni.*

conditionnement *: boîte de conserve de fer blanc recouverte d'une étiquette de papier illustrant la marque et le produit. Plusieurs formats sont proposés aux consommateurs : les formats empilables de 400 g et de 800 g disposent d'une ouverture à anneau et, enfin, le format de 1200 g, dit familial.*

LE RAVIOLI C'EST BUITONI !

créateur *: A la fin du siècle passé, à San Sepolcro, petit village de Toscane, la signora Giulia Buitoni prépare la « pasta chuta » à la semoule de blé dur pour toute la famille. Mais le destin s'en mêle. Veuve mais pas démunie d'idées, Mamma Buitoni monte son petit commerce artisanal pour survivre et vend sa modeste production de pâtes. La légende raconte que, pour acheter son local et sa « machina del lavoro », elle donnera en gage son alliance de mariage...*

date d'origine *: 1949, Buitoni lance le premier ravioli en boîte. 1975, Buitoni crée le ravioli à l'ancienne. 1989, premier ravioli « pur bœuf », Buitoni relève la qualité de marché ! 1995, année de naissance du ravioli « B » avec une recette et une texture de pâte améliorée jamais égalée. 1999, Buitoni fête les 50 ans de son ravioli.*

fabricant *: Usine Nestlé France, chemin de Piolenc, 84850 Camaret. 1930, Giovanni Buitoni fils aîné de la famille exporte les produits de la marque. L'entreprise se diversifie après la Seconde Guerre mondiale. 1985, Carlo Benedetti rachète Buitoni. En 1988, n'ayant pu réunir un consortium européen, il revend Buitoni au groupe Nestlé.*

ingrédients *: Sauce : eau, purée de tomate pelée, viande de bœuf, carotte, oignon, sel, sucre, amidon modifié, huile végétale, arômes naturels. Pâte : semoule de blé dur, eau. Farce : viande de bœuf, chapelure, semoule de blé dur, légumes (carottes, oignons), sel, poudre de lait écrémé, arômes naturels, huile végétale. Viandes mises en œuvre : 7,5% du poids net total.*

slogans publicitaires *: 1969, première pub TV « Pour Buitoni, l'important, c'est ce qu'il y a dans la boîte », aujourd'hui « Buitoni nous vient du cœur de l'Italie ».*

Bu toni

ravioli Buitoni aux poudres des colonies

PANIER DE LA MÉNAGÈRE DE MOINS DE 50 ANS POUR 6 PERSONNES

1 boîte de ravioli pur bœuf Buitoni 1200 g
100 g de lardons fumés « allumette »
100 g d'oignons émincés
1 brindille de thym frais
1 gousse d'ail pilée
1 pincée de curry
1 piment « oiseau » émietté (Cayenne)
1 pointe de cumin en poudre
poivre noir du moulin
2 tomates branchées concassées
le zeste d'une demi-orange
100 g de mozzarella coupée en petits morceaux

Dans la poêle Tefal, faites rissoler en même temps les lardons avec l'oignon. Ajoutez l'ail pilé, les aromates, les épices et les tomates. Mélangez les ravioli à cette préparation, zestez les « B » avec une demi-orange.

Dressez le mélange dans un plat à gratin, coupez la mozzarella en cubes et parsemez-en le dessus, enfournez à 210° (th 7) le temps qu'il faudra pour faire fondre le fromage.

TRUC CUISINE

« Le ravioli en boîte, c'est comme les bonbons Haribo, quand on y goûte, on y succombe. La texture à la fois fondante et gommeuse, le goût succulent de la tomate ferraillée créent une dépendance honteuse et délectable.
Le ravioli en boîte est une base brute à partir de laquelle de nombreux jeux gustatifs sont possibles. »

C. Conticini, il a dit **(La Table d'Anvers).**

« B » de Buitoni aux palourdes

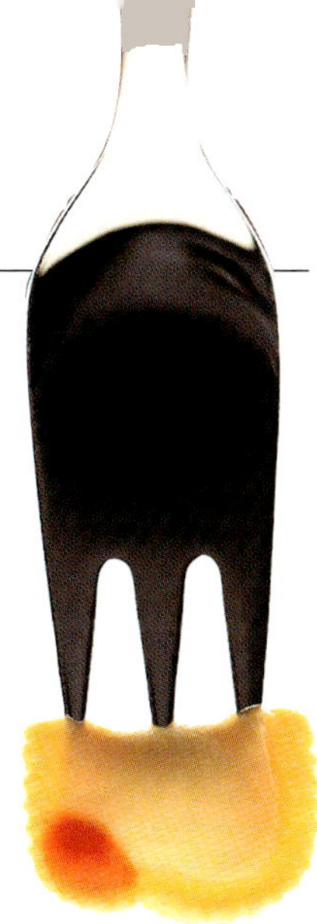

Ecossez les cocos, cuisez-les à l'eau bouillante *al dente* avec le romarin et le laurier, salez en fin de cuisson. Égouttez les cocos.

Rincez les palourdes plusieurs fois. Dans une casserole, plongez les coquillages dans un fond d'eau, couvrez et laissez sur le feu le temps que les mollusques s'ouvrent. Réservez les palourdes dans une moitié de coquille et filtrez le jus de cuisson.

Sauce au fromage. Mixez le pécorino dans le bol du robot-ménager avec l'ail, les pignons, le parmesan et la moitié de la roquette, poivrez et ajoutez l'huile en filet de façon à obtenir une pâte homogène, rajoutez un peu d'huile si le mélange est trop dense.

Ouvrez la boîte, prélevez les ravioli et rincez-les sous un filet d'eau froide. Réservez la sauce pour une bolognaise.

Dans une cocotte, mettez les ravioli, les cocos et les palourdes avec un peu de leur jus de cuisson. Réchauffez l'ensemble rapidement, assaisonnez avec la sauce au fromage, remuez sans cesse. Ajoutez en dernière minute la restant de roquette crue hachée gros. Cette salade légèrement amère se combinera parfaitement au goût iodé des coquillages et rehaussera la blancheur virginale des « B ».

Dressez les « B » de Buitoni aux palourdes dans des assiettes creuses bien chaudes et aspergez de quelques gouttes d'huile d'olive vierge.

TRUC CUISINE

N'allez pas vous imaginez qu'il suffirait d'acheter des ravioli frais pour avoir le même plaisir. Impossible, les « B » de Buitoni sont uniques, moelleux avec une texture de pâte améliorée jamais égalée à ce jour. Alors !

PANIER DE LA MÉNAGÈRE POUR UN TÊTE À TÊTE

1 boîte de ravioli pur bœuf Buitoni (400 g)
150 g de cocos
1 brin de romarin
1 feuille de laurier
1 pincée de sel
12 grosses palourdes

SAUCE AU FROMAGE

50 g de pecorino râpé (fromage de brebis italien sec)
2 petites gousses d'ail
20 g de pignons mixés
40 g de parmesan râpé
70 g de roquette
1 pincée de poivre blanc moulu
5 cl d'huile d'olive vierge

BLEUET C 206 CAMPINGAZ

nom du produit : *Campingaz Bleuet 206. Réchaud sur cartouche perçable C 206 au gaz butane. Ce petit nécessaire est le plus vendu dans le monde. Il porte le sobriquet de Bleuet.*

conditionnement : *cartouche bleue, d'un poids de 190 g au butane inflammable spécialement conçue et fabriquée pour les appareils camping. Voir instructions de montage sur le côté de la cartouche.*

créateur du produit : *la société DEOM (Dessins, Etudes, Outillages, Mécaniques), créée par MM. Gabriel Corlet, René Sillon, André Collomb, dépose en 1954 un brevet, indiquant que « l'invention vise à permettre d'établir un réchaud dont le réservoir, de très bas prix de revient, puisse être utilisé comme un emballage perdu ». Le 25 janvier 1986, naissance de la nouvelle cartouche 206. Elle peut être utilisée comme lampe d'éclairage, réchaud ou chauffage d'appoint. Bref, elle mitonne, réchauffe, éclaire, soude. Une vraie multi-fonctions indispensable à l'homme moderne.*

THE POWER TO BE FREE

fabricant : *ADG route de Brignais, BP 55, 69563 Saint-Genis-Laval Cedex. Il y a 40 ans, Campingaz était de toutes les randonnées avec son Bleuet. Aujourd'hui, encore et toujours, il reste imperturbable et demeure le pro du plein air.*

ingrédient : *butane (gaz) sous pression.*

slogans publicitaires : *Campingaz réinvente la vie extérieure, la lumière et le feu, le chaud et le froid, la cuisson, le confort en plein air. « The power to be free » (l'énergie qui vous libère).*

CAMPING
gaz

PANIER DE LA MÉNAGÈRE FRIQUÉE POUR 4

1 Campingaz C 206
500 g de cœur de palmier en boîte ou frais
2 cœurs de laitue

VINAIGRETTE

2 pincées de fleur de sel
3 tours du moulin de poivre
10 brins de ciboulette
1/2 bouquet de cerfeuil
le jus de 2 citrons verts
3 c à soupe d'huile d'olive vierge
1 c à café de vinaigre de Xérès
12 grosses crevettes

Ouvrez la boîte de palmier, rincez les cœurs à l'eau fraîche, égouttez-les et coupez-les en rondelles. Lavez les salades, conservez uniquement les feuilles tendres (cœurs) attachées au trognon, essorez délicatement, réservez au frigo.

Préparez la vinaigrette : mélangez le sel, le poivre, ciselez et hachez les aromates ; ajoutez le jus des citrons, l'huile d'olive et le vinaigre de Xérès.

Remuez les cœurs de palmier dans la vinaigrette, écartez minutieusement les feuilles du cœur des laitues, glissez avec habileté l'émincé de palmier entre les feuilles de salade.
Servez cette salade accompagnée de crevettes sautées. Aux Caraïbes, comme si vous y étiez !

Sur votre Bleuet C 206, faites chauffer une poêle à feu très vif. Jetez une pincée de fleur de sel et faites griller les crevettes. Dressez la salade du millionnaire aux crevettes des Caraïbes sur les assiettes du kit popote pour le camping.

TRUC CUISINE

Arbre tropical de la famille des palmacées, le palmier fournit des produits alimentaires variés : dattes, noix de coco… et ses bourgeons appelés choux palmistes ou cœurs de palmier. Prélever la partie tendre située au sommet du palmier entraîne la mort de l'arbre. Il faut replanter sans cesse, attendre 5 à 7 ans pour que l'arbre arrive à maturité.
Un cœur de palmier représente 4 à 5 portions. Seuls les colons de Maurice et des Seychelles en mangeaient. Les esclaves avaient juste le droit de les cueillir…

Préparez le tralala. Mélangez dans un saladier le beurre pommade avec le sucre, ajoutez les œufs un à un sans cesser de remuer au fouet, versez la farine en pluie, mélangez rapidement sans trop travailler ; incorporez les fruits secs et confits préalablement farinés.

Garnir le fond de chacun des moules à cake huilés de deux bandes de papier sulfurisé se chevauchant en croix. Remplir les cinq moules équitablement, stockez une nuit au frigo.

Le lendemain, dans un grand saladier, mélangez les ingrédients du sirop à baba.

Enfournez les plum-cakes à 200° (th 6-7) pendant 30 mn. Surveillez la cuisson afin qu'ils ne brûlent pas. Au bout de 20 mn, sondez la pâte avec la lame du couteau : c'est cuit lorsqu'aucune trace de pâte n'apparaît. Sortez-les du four et démoulez les plum-cakes tra-la-la. Immergez-les complètement dans le sirop à baba jusqu'à ce qu'il n'y ait plus de bulle d'air.
Une fois imbibés, enveloppez hermétiquement chaque plum dans un papier d'alu. Stockez dans une boîte tupperware.

It's five o'clock. Sortez votre Bleuet C 206, faites frémir l'eau de source et préparez le thé dans les règles de l'art. Dépliez la table de camping, sortez les quarts en alu et ouvrez la boîte des plum-cakes. Le bonheur vous envahit et vous envoie direct dans le cosmos.

TRUC PÂTISSERIE

J'ai arpenté de long en large tous les rayons de biscuits de France et d'ailleurs. Que neni, plus aucune trace de la petite gourmandise gorgée de rhum, que l'on trouvait chez l'épicier du coin comprimée dans un sachet en alu en portion individuelle baignant dans son jus.

PANIER DE LA MÉNAGÈRE POUR 5 CAMPEUSES

1 Campingaz C 206

APPAREIL TRALALA

125 g de beurre pommade
125 g de sucre semoule
125 g d'œufs (environ 3 petits œufs)
125 g de farine tamisée
30 g de raisins secs macérés dans le rhum et égouttés
30 g de citron et 30 g d'orange confits en cubes
1 c à soupe de farine
5 moules à cake de 10 cm
huile d'arachide
5 bandes de papier sulfurisé de 21 x 5 cm pour la longueur et 5 de 16 x 8 pour la largeur

SIROP À BABA

25 cl de rhum dilué dans 25 cl d'eau
50 g de sucre semoule

Débâchez
votre Deux-Pattes de 1948, rangez dans le coffre la tente, les piquets, la pelle-pioche de l'armée américaine pour creuser sa tranchée et crapahuter comme un scout-toujours ! Le lit de camp repliable modèle vacances, la gourde haricot en alu pour se désaltérer, entre deux coups de maillet, les popotes, le Bleuet C 206...
Les souvenirs, c'est traître comme une fuite de gaz, disait un philosophe.

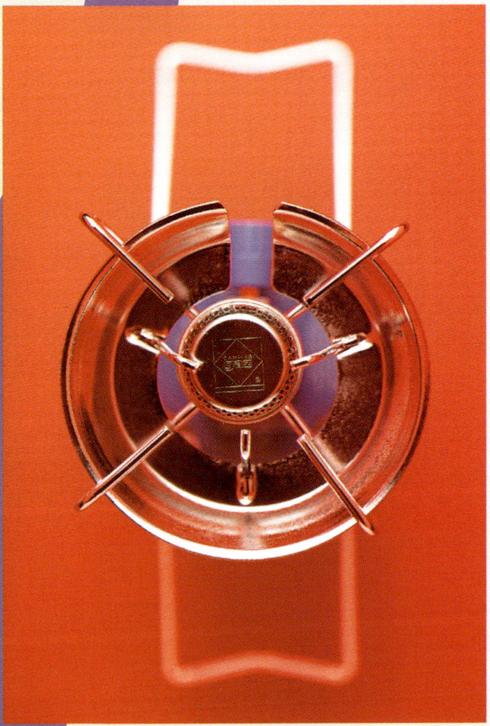

œufs à la coque du trappeur

PANIER DE LA MÉNAGÈRE POUR 3 CAMPEURS

1 Campingaz C 206
6 œufs coque (classe A)
6 baguettes de noisetier de 30 cm minces et élaguées

1/2 baguette pour les coquetiers « trappeur » et les mouillettes
1 couteau sioux

En plein air, préparez la cuisine trappeur sans autre ustensile qu'un couteau de poche, une feuille de papier journal, une boîte d'allumettes, et votre Bleuet C 206. Prudence : si vous décidez de faire un feu de bois, il ne doit pas être fait n'importe où et n'importe comment. Faites cela au fond du jardin avec *Romain-des-Bois*. Les œufs à la coque à la broche, c'est du grand spectacle, la difficulté étant de transpercer précautionneusement les œufs crus de part en part avec une branchette de noisetier.

Avec la lame du couteau, enlevez totalement l'écorce de noisetier et les nœuds qui peuvent s'y trouver. Posez les baguettes sur de grandes feuilles propres de platane. Prenez un œuf dans la main gauche, vrillez un trou à l'une des extrémités de la coquille avec la lame pointue du couteau en appuyant modérément. Introduisez la baguette très doucement puis vrillez au couteau un second trou à l'autre extrémité. Avec une immense précaution enfoncez la baguette de façon à transpercer l'œuf et rejoindre le deuxième orifice.

Préparez un petit feu. Taillez 12 lance-pierres en « Y» au couteau sioux, qui serviront de support aux œufs coque à la broche. De chaque côté du feu, plantez les supports. Le feu ne doit pas être trop vif et les œufs pas trop près, cela les ferait éclater. Retournez d'un demi-tour à mi-cuisson. Au bout de 3 mn, ils sont cuits à point. On s'en aperçoit au blanc coagulé autour de la baguette et aux gouttelettes qui transpirent à la surface de chaque pore de la coquille.

Pendant la cuisson, préparez les coquetiers « trappeur ». Coupez 3 morceaux de pain d'une longueur de 5 cm dans la baguette et creusez la mie. Réservez le restant de la baguette pour les mouillettes géantes. Poussez une extrémité de la branchette afin de posez l'œuf sur le coquetier « trappeur » ; retirez alors lentement la branchette de noisetier. Sur le Bleuet C 206, faites réchauffer le *Nescafé*. Décalottez l'œuf. Trempez les mouillettes beurrées. Le petit déjeuner sur l'herbe, c'est le meilleur moment de la journée.

CAPRICE DES DIEUX

nom du produit : *« Caprice des Dieux » est un amour de fromage issu de l'héritage de la longue « tradition des moines de Corrupt ». Sa bitexture, conjuguant cœur frais et pâte fondante, en fait le* number one *des ovales. C'est un fromage divin !*

conditionnement : *boîte ovale en forme de « calisson ». En carton souple bleu vif pour la fraîcheur, blanc immaculé pour la pureté, rouge profond pour la sensualité d'un péché gourmand. Plusieurs formats sont disponibles : le mini-Caprice de 50 g, le petit modèle de 125 g, le grand modèle de 210 g et le familial de 300 g*

créateur : *le lancement officiel de Caprice des Dieux, le céleste fromage, se fait le 21 juin 1956. Jean-Noël Bongrain, l'heureux papa, vend sa première caisse de Caprice au prix de 50 centimes pièce chez un affineur de Saint-Ouen.*

FRAIS, FONDANT
LE PARADIS SUR TERRE

date d'origine : *1944, Jean-Noël Bongrain reprend la direction de la fromagerie familiale créée en 1920 par Joseph Bongrain, son père. Au sortir des années de guerre, les Français aspirent à se faire plaisir en consommant des produits de qualité. Jean-Noël a une idée de génie : créer un fromage « gourmand » ayant une image divine. Ne vaut-il pas mieux, en effet, s'adresser à Dieu plutôt qu'à ses saints ?*

ingrédients : *fromage pasteurisé à croûte fleurie à pâte molle.*

60% mat. gr. /matière sèche = 30% mat. gr/produit fini.*

**Matière sèche : produit dont on a retiré l'eau. Toute de crème et de fraîcheur, la recette de ce fromage unique est un secret connu de leurs seuls maîtres fromagers. Pigé ?*

slogans publicitaires : *« Un amour de fromage à la crème fraîche », « On peut toujours compter sur un Caprice des Dieux », « Un cœur d'or sous une peau blanche », « On se fait un petit Caprice ? », « Caprice à deux », « On donne le meilleur à ceux qu'on aime ! », « Caprice des Dieux, la gourmandise la plus copiée du monde ».*

DIEUX

PANIER DE LA MÉNAGÈRE DIÉTÉTIQUEMENT CORRECTE POUR 4 PERSONNES

1 Caprice des Dieux de 300 g bien ferme
1 kg de pommes de terre Ratte (petit calibre)

CROÛTE DE SEL

sel fin
5 blancs d'œufs
1 kg de gros sel gris
10 g de fleurs de thym haché fin
500 g de farine ordinaire

Préparez la croûte de sel. Mélangez le sel fin et les blancs, fouettez énergiquement pour faire fondre le sel. Ajoutez le gros sel de mer, les fleurs de thym et la farine, mélangez à nouveau tous les éléments afin d'obtenir une pâte compacte.

Préchauffez le four à 180°(th 6).

Lavez les pommes de terre, cuisez-les à la vapeur en robe des champs entre 15 mn et 20 mn selon leur grosseur.

A l'aide du rouleau à pâtisserie, abaissez la pâte de sel en rectangle sur le plan de travail fariné. Enveloppez le Caprice des Dieux dans l'abaisse et façonnez une carapace en forme de calisson. Enfournez 20 mn.

Décalotez la croûte de pâte à sel à l'aide d'un couteau-scie. Avec une fourchette à fondue, trempez les pommes de terre et dégustez, par exemple, avec des tranches de magret canard séché…

Trêve de fromagerie : 1963, Caprice des Dieux amorce un virage capital dans sa carrière grâce à un super-hyper-maxi-tout. C'est l'avènement de la grande distribution et l'ouverture du premier Carrefour à Sainte-Geneviève-des-Bois. Dès lors, Caprice s'impose. Par la volonté du ciel, il raffle la coupe d'Or. Edgar Pisani, le ministre de l'Agriculture de l'époque, épingle lui-même la médaille du « Bon Goût français » sur le revers du veston de Jean-Noël.

CAPRICE DES DIEUX EST ACCUSÉ À TORT D'ÊTRE TROP RICHE EN MATIÈRE GRASSE (60%). MAIS NON ! EN RÉALITÉ, IL N'EN COMPTE QUE 30%! C'EST UNE HISTOIRE DE CALCUL SUR LA MATIÈRE SÈCHE. ÇA N'A RIEN À VOIR. RASSURÉ ?

PANIER DE LA MÉNAGÈRE ORIENTALISTE POUR 6

FARCE

1 Caprice des Dieux de 218 g (soit 36 g par portion)
180 g de mélange de fruits à beraweka :
30 g de figues séchées en morceaux
30 g de dattes dénoyautées en julienne
30 g d'écorce de citron confit en cubes
30 g d'écorce d'orange confite en cubes
30 g d'abricot moelleux en gros morceaux
30 g de cerneaux de noix brisés
ou 1 pot de confiture de Noël de la fée Ferber
60 g de pommes Granny râpées gros
6 pointes de couteau de cannelle moulue

DORURE

1 œuf battu

PASTILLA

3 paquets de feuilles de brick non pliées
12 petits piques en bois
50 g de beurre fondu

Partagez le Caprice des Dieux en 6 parts égales. Coupez les fruits du mélange à beraweka comme il est précisé dans l'énoncé si vous avez choisi cette solution. Pour l'autre, ouvrez le pot de confiture de Noël.

Mélangez tous les fruits du beraweka ou le pot de confiture sans oublier d'ajouter la pomme râpée. Pesez 6 parts de 40 g de la farce. A l'aide d'un crayon, dessinez côté papier les différentes galettes sur les feuilles de pastilla. Comptez 1 grande galette de 16 cm de diamètre et deux petites de 8 cm de diamètre par pastilla.

Sur le plan de travail, disposez les 6 grandes galettes. Au centre, posez dans l'ordre les 40 g de farce, la portion de Caprice et la pointe de cannelle. Tout en maintenant la galette fermée en forme d'aumonière, badigeonnez l'ouverture de celle-ci d'œuf battu et aplatissez la dite ouverture de la galette. Collez aussitôt une des petites galettes, badigeonnez-la de dorure et posez la deuxième petite galette. Beurrez très légèrement la pastilla au pinceau. Fixez le tout à l'aide de 2 piques sans transpercer le fond. Faites la même chose pour les 5 autres pastillas.

Enfournez 5 mn à 230° (th 7-8). Attention, surveillez la cuisson selon l'intensité de votre four. C'est bon tel quel, avec une salade de printemps ou une betterave relevée d'un peu de cumin.

TRUC CUISINE

La fée Ferber dans son livre **Mes Confitures** *explique l'étymologie de* **beraweka.** *En alsacien,* **bera** *signifie poire et* **weka** *pain. Il s'agit du fameux pain aux poires que l'on retrouve en Europe centrale. En hommage à ce gâteau typique, Christine Ferber a créé sa merveilleuse confiture de Noël. A acheter dare-dare* **on line** *ou par correspondance, au berceau, à Niedermorschwik.*

PANIER DE LA MÉNAGÈRE POUR 6 CAPRICIEUSES OU CAPRICIEUX

6 mini-Caprices des Dieux bien fermes style plâtre de 50 g
15 g de truffes noires si vous êtes ruiné ou 30 g de truffes blanches pour les nouveaux riches

Conservez les boîtes et les papiers d'emballage. Coupez les Caprices en 2, dans le sens de l'épaisseur. Détaillez 6 lamelles épaisses de truffe ou plus selon vos moyens. Sur chaque moitié de petit calisson de fromage, répartissez équitablement les lamelles de truffe.

Recouvrez le lit de truffes avec l'autre moitié du Caprice. Enveloppez hermétiquement dans le papier d'emballage, remettez le fromage dans son conditionnement en carton. Enfournez sur un plat de porcelaine pendant 5 mn à 180 ° (th 6).

Pendant ce temps, préparez une salade de mesclun ou toute autre salade qui vous plaît. Disposez 6 assiettes. Montez une pyramide de verdure dans chacune d'elles, déballez les minis et posez chaque Caprice truffé au centre ou cachez-le dans la verdure vinaigrée. C'est divin.

TRUC CUISINE

Deux étoiles au Michelin, Reine Sammut cuisine à La Fenière de Lourmarin. C'est aussi une « Capricieuse ». Sa recette pleine de volupté est une véritable allégorie de la femme, berceau maternel de l'humanité. La complicité tissée entre le fromage et la truffe consolide l'osmose de cet accord parfait et révèle ainsi cette divine gourmandise sous sa fine robe blanche immaculée.

ABRA CARAMBAR

nom du produit : *barre de cacaotée dont le goût n'a absolument rien à voir avec un caramel habituel. Sa longueur est de 8 cm et son poids est de 7,5 g en moyenne.*

conditionnement : *le Carambar est emballé dans une papillotte de papier spécifique pour produit alimentaire. Un logo rouge et des rayures verticales sur les côtés sont le premier code visuel du produit. Au verso de l'emballage sont imprimés des histoire drôles : « Qu'est-ce qu'on ne peut ramasser, même lorsqu'il est tombé ? » Réponse : le vent. « Connaissez-vous l'histoire du lit vertical ? » Réponse : c'est une histoire à dormir debout.*

créateur : *en 1954, M. Fauchille fils, alors directeur de la chocolaterie de la société Delespaul-Havez, et Augustin Gallois, chef de fabrication, mélangent du caramel et du cacao pour utiliser les surplus de ce dernier. Malheureusement, la machine censée réaliser ce mélange se dérègle et donne naissance à un nouveau bonbon, un caramel mou en barre baptisé Caram'Bar. En 1977, son apostrophe originelle sera abandonnée.*

date d'origine : *Dès 1954, le Caram'Bar est fabriqué par la société Delespaul-Havez qui entre en 1966 dans la Générale alimentaire. Celle-ci fusionne en 1972 avec La Pie Qui Chante. En 1973, la Générale alimentaire entre dans le groupe Générale occidentale, qui cède en 1980 La Pie Qui Chante au Groupe B.S.N. qui, elle-même fusionne en 1981 avec Vandamme. Le 1er janvier 1998, Danone revend un certain nombre de produits au groupe anglais Cadbury-Schweppes, dont Carambar.*

fabricant : *La Pie Qui Chante, rue de la Chocolaterie à Marcq-en-Barœul.*

ingrédients : *sirop de glucose, lait écrémé concentré sucré, sucre, graisse végétale, cacao dégraissé en poudre, sel, gélatine, arômes.*

slogans publicitaires : *1972 « le super Caram'Bar, il est grand comme ça », 1977, « Y'en a pas deux comme toi », 1980 « AbraCarambar », 1995 « Carambar, c'est bon pour les malins », 1998, « Carambar, c'est trop »...*

CARAMBAR

PANIER DE LA PÂTISSIÈRE
POUR 4

12 Carambar
1/2 l de lait frais entier
10 cl de crème liquide (fleurette)
6 jaunes d'œufs
20 g de sucre semoule

Faites bouillir le lait avec la crème. Ajoutez 10 Carambar-Caramel et laissez fondre en remuant le mélange.

Dans une terrine, fouettez les jaunes d'œufs avec le sucre ; délayez avec le lait parfumé puis faites cuire et refroidir cette crème.. Versez la crème dans un saladier et plongez celui-ci dans un bain-marie d'eau et de glaçons. Après refroidissement, gardez la crème au Carambar au frigo.

Le lendemain, faites-la glacer en sorbetière sans oublier d'ajouter les 2 Carambar restant détaillés en petits morceaux. Servez immédiatement, c'est à cet instant que la glace au Carambar est la meilleure.

Panier de la ménagère pour 4

Sauce au Carambar au gingembre
4 Carambar fondus
2 c à soupe de vinaigre de Xérès
2 c à soupe de sauce soja
1 pincée de cannelle
1 pincée de quatre épices
1 c de gingembre frais haché finement
3 tours de poivre de moulin
1/2 c à café de Maïzena

La volaille
4 pigeonneaux de 500 g en « crapaudine »
4 pincées de fleur de sel de Guérande
3 jus de citron vert
2 c à soupe d'huile d'olive

Demandez au volailler de préparer les pigeonneaux en « crapaudine » ou faites-le vous-même (Voir recette poulet au Coca-Cola magnifique, page 42). Salez les chairs des pigeonneaux, arrosez-les du jus des citrons, réservez 2 h au frigo. Dans une casserole, faites fondre tous les ingrédients de la sauce au Carambar sauf la Maïzena. Lorsque les Carambar sont fondus, liez le mélange avec la Maïzena. Détendez la sauce avec un peu d'eau si elle est trop dense.

Récupérez le jus des citrons. Posez les pigeons bien à plat côté carcasse sur la plaque du four. À l'aide d'un pinceau, enduisez la peau des pigeonneaux de sauce au Carambar. Enfournez à 210° (th 7) pendant 4 mn. Déglacez une première fois avec la moitié du jus de citron. Enduisez une seconde couche de sauce au Carambar, par-dessus la première couche, laissez rôtir 4 mn à nouveau.

Allumez le gril du four, enduisez une dernière fois la peau craquante des pigeonneaux, salez et mettez 2 mn sous la rampe du gril. Attention, la peau ne doit en aucun cas brûler. À surveiller de près.

Servez les pigeons au Carambar avec une salade d'herbes composée de persil plat, basilic, cerfeuil et quelques feuilles de menthe. Arrosez d'une bonne vinaigrette relevée à souhait. Et nom de nom, y'a pas de honte à ça, sucez les os avec les doigts.

Devinette de la cuisinière
« Savez-vous pourquoi on ne retire jamais les foies des pigeonneaux ? Parce qu'ils n'ont pas de fiel… »

Truc cuisine

Préférez un Soy Sauce mieux dosé en monosodium glutamate (sel de l'acide glutamique), mieux adapté au goût européen. De plus, certaines personnes y sont allergiques. Pourtant, il y a davantage de monosodium glutamate dans le parmesan et la sauce tomate… Allez comprendre.

SKETCHES

L'institutice demande à Charlotte :
Quelles sont les initiales du Marché commun ?
C'est heu... heu... (C. E. E.)
Très bien, répond l'institutrice.

Que fait un canard aveugle quand il veut se marier ?
Réponse : Il cherche une cane blanche.

On ne dit pas la maîtresse d'école
(la maîtresse décolle)
mais l'institutrice prend l'avion.

Un client entre chez un marchand de tableaux. Il demande : Je voudrais quelque chose pour ma salle à manger. Il faut que ce soit de bon goût, pas trop cher et de préférence à l'huile.
Je vois, répond le marchand.
Vous voulez une boîte de sardines.

– Allô, police, je viens d'écraser un poulet. Que dois-je faire ?
– Eh bien, plumez-le et faites-le cuire à thermostat 6.
– Ah bon, et qu'est-ce que je fais de la moto ?

Nicolas demande à un copain qu'est-ce que ça veut dire :
« *I don't know* » ?
Et l'autre répond : « Je ne sais pas ».

SKETCHES

Mon truc, lorsque j'étais gastromôme, c'était de contorsionner des Carambar pendant les leçons d'histoire-géo. L'idée d'être interrogée la bouche pleine par la maîtresse d'école me procurait un minuscule plaisir rempli de suspens...

Dans une mastication effrénée des plus complexes, comment se dépêtrer de la chose au plus vite ? Une première approche consiste à humidifier le Carambar pour le ramollir. Pour cela, mâchouillez-le lentement, le succès de son ramollissement dépend du degré d'humidité. Si le Carambar résiste encore, broyez-le, et mastiquez-le sans rémission. À bonne consistance, stop.

Ramenez le caramel ventousé au palais sur votre mâchoire, seulement une fois le mou maîtrisé. Moulez le Carambar sur vos dents, celles du haut ou celles du bas, cela n'a pas d'importance. Alors ! commencez une lente succion de votre mâchoire caramélisée, pareille à celle de Richard Kyiel dans le rôle métallique de *L'Espion qui m'aimait*.

COCA-COLA

C'EST FAIT POUR ÇA

nom du produit : *Coca-Cola fait partie des « soft drinks », boissons rafraîchissantes sans alcool.*

créateur : *John S. Pemberton, pharmacien, crée la formule d'un nouveau sirop ; Franck Robinson, le comptable, trouve et dessine son nom.*

conditionnement : *bouteille de verre «Contour» de 25 cl avec capsule de métal gris, siglé Coca-Cola en lettres rouges*

date d'origine : *8 mai 1886, à la « Soda-Fountain », chez Jacob's, le drugstore d'Atlanta-City, dans l'État de Georgie, États-Unis. 1891, Asa Griggs Candler devient le seul détenteur du secret de la formule du Coca-Cola. 1892, Griggs crée The Coca-Cola Company en Georgie. 1895, Coca-Cola est commercialisé dans toute l'Amérique et, dès 1899, dépasse les frontières. 1913, Harold Hirsh, avocat de la compagnie, persuade la firme de faire dessiner une bouteille unique. 1915, création par Alexander Samuelson de la célèbre bouteille Coca-Cola appelée bouteille « Contour ». 1933, les premières bouteilles de Coca apparaissent en France au Café de l'Europe à Paris, près de la gare Saint-Lazare. 1941, Coca-Cola est déclaré « fourniture de guerre » aux États-Unis 5 milliards de bouteilles sont ainsi distribuées aux soldats pendant la Deuxième Guerre mondiale. Hallucinant !*

ingrédients : *eau gazéifiée, sucre, colorant : caramel, acidifiant : E338 extraits végétaux, caféine*

fabricant : *The Coca-Cola Company, Atlanta, Georgie, États-Unis.*

slogans publicitaires : *« Soif de fraîcheur », « Coca-Cola, destination rafraîchissement », « Buvez Coca-Cola ».*

PANIER DE LA MÉNAGÈRE POUR 6 ACCROS

25 cl de Coca-Cola
1 poulet fermier de 2 à 2,4 kg

MARINADE

3 citrons
10 g de fleur de sel

GARNITURE

50 g de gingembre frais
10 g d'ail en gousses sans le germe
sel
2 g de poivre noir du moulin

JUS

1 trait de vinaigre blanc
1 c à soupe de vinaigre balsamique
une poire à jus et son aiguille

Préparez la crapaudine 4 heures à l'avance. Ecartez les 2 cuisses, incisez la peau puis la chair jusqu'en bas de la cuisse. Pour cela, introduisez la lame du couteau juste au-dessous de l'aile, tranchez en biais jusqu'au croupion, faites la même chose de l'autre côté. Aplatissez la carcasse côté peau, écrasez les jointures au niveau des épaules en appuyant sur la carcasse de tout votre poids , « craaaqqque », c'est en crapaudine.

À l'économe, taillez de longs et larges zestes dans 2 des citrons et réservez-les. Pressez les 3 citrons. Salez généreusement les chairs à la fleur de sel, arrosez la volaille du jus des citrons. Versez-en aussi dans le creux de la carcasse. Filmez, réservez 4 h au frigo.

Préchauffez le four à 180° (th 6). Récupérez la marinade dans un bol et ajoutez le même volume d'eau. Enfournez le poulet côté peau au-dessus. Comptez 15 mn de cuisson, baissez la température à 150° (th 5). Laissez cuire lentement, comptez encore 70 à 75 mn de cuisson. N'oubliez pas, dès les premières 30 minutes, de décrocher les sucs à la spatule et d'arroser régulièrement la crapaudine de marinade.

Pendant ce temps, préparez la garniture. Pelez le gingembre et taillez-le en longs copeaux épais de 2 mm. Faites sauter les éléments de la garniture et les zestes de citrons 4 à 5 mn dans une poêle bien huilée. Salez, poivrez et réservez au chaud.

Laissez cuire lentement et, 20 mn avant la fin de la cuisson, arrosez la volaille de Coca-Cola toutes les 7 mn. Surveillez la sauce, elle doit être sirupeuse. Arrosez encore et encore afin que le volatile croustille. A l'aide de la poire à jus, prélevez le jus ; vissez l'aiguille et injectez l'élixir dans les cuisses et les flancs de la volaille ; renouvelez l'opération 2 ou 3 fois.

Récupérez le jus de cuisson, dégraissez-le, filtrez-le et mettez-le dans une casserole ; ajoutez-lui les vinaigres pour vriller les papilles, rectifiez l'assaisonnement et réservez le jus.

Découpez la volaille, servez dans des assiettes bien chaudes avec les copeaux d'agrumes au gingembre. Servez le jus en saucière.

TRUC CUISINE

Ce ne sont pas les Américains qui vont nous apprendre à faire cuire le poulet... La preuve : la recette est celle de François Simon, critique gastronomique français.

PANIER DE LA MÉNAGÈRE POUR 6

20 cl de Coca-Cola
1 gros oignon émincé finement
25 g de beurre
2 c à soupe d'huile de tournesol
350 g de riz long thaï parfumé
2 pincées de sel
1 feuille de laurier

Dans une cocotte en fonte, faites blondir, avec le beurre et l'huile, l'oignon. Faites revenir sans le colorer le riz lavé et égoutté. Salez. Lorsqu'il est devenu blanc, ajoutez le laurier et mouillez avec du Coca-Cola. Laissez cuire à découvert à feu moyen 5 à 7 mn environ.

Dès que l'on voit apparaître de petits trous à la surface des grains de riz, emmaillotez le couvercle de la cocotte d'un linge qui absorbera la vapeur, laissez cuire à feu très doux 10 mn. Laissez gonfler le riz jusqu'à ce qu'il soit parfaitement sec. Pour évacuer la vapeur, creusez 3 à 4 cheminées avec le manche de la cuillère en bois. Retournez le riz sur un plat de service afin de le débarrasser, une dernière fois, de toute trace d'humidité.

TRUC CUISINE

Marta est colombienne. Sa recette respecte la tradition. Marta précise : « Pas question de tricher avec du Coca-Cola light ou avec un substitut quelconque. » Elle insiste également sur la cuisson du riz. C'est pécher de le laisser cuire trop longtemps. Le « riz à la gringa » accompagne merveilleusement toutes les viandes en sauce : poulet au curry, bœuf, porc...

PANIER DE LA MÉNAGÈRE POUR 4 MARTIENS

GELÉE AU COCA-COLA

15 g de Coca-Cola chauffé
2 feuilles de gélatine trempées 3 mn et essorées
175 g de Coca-Cola bien frais

JUS AU WHISKY

100 g de whisky
50 g de sucre
4 c à soupe de vanille liquide
60 g de jus de citron
1 c à café bombée de Maïzena détendue dans un peu d'eau froide

16 c à soupe de Coca-Cola
4 galettes au beurre
24 quartiers de pamplemousse coupés à vif
1 boîte de lait de coco
8 soucoupes volantes chez le marchand de bonbons
sucre au goût

La veille préparez la gelée. Rincez la gélatine à l'eau froide et essorez-la, faites-la fondre dans 15 g de Coca-Cola chaud, mélangez au Coca-Cola frais. Réservez au réfrigérateur. Préparez le jus de whisky. Faites bouillir tous les ingrédients pendant 2 mn. Liez le jus assez épais avec la Maïzena en fouettant vivement. Dans un saladier, immergez les quartiers de pamplemousses dans le jus de whisky froid, filmez et laissez mariner jusqu'au lendemain au frigo.

Placez au fond de chaque coupelle un sablé, dessus mettez de la gelée de Coca-Cola, posez 6 quartiers de pamplemousse marinés. Versez dessus 4 cuillères à soupe de Coca-Cola frais, ajoutez 1 cuillère à soupe de lait de coco. Mettez à disposition dans une petite tasse la poudre de perlimpinpin au citron extraite des soucoupes volantes. Chacun assaisonnera à son goût.

TRUC PÂTISSERIE

Une variante impertinente de la recette de Philippe Conticini, talentueux pâtissier.
Les soucoupes volantes ou cachets poudre font partie de la confiserie fantaisie.
Ce n'est ni plus ni moins du sucre, de la dextrose, de l'amidon, mélangé à de l'acidifiant (acide tartrique) correcteur d'acidité (bicarbonate de sodium), arômes, colorants (E 104, E 122, E 124, E 132) Rassuré ?

SKETCHES

A.A. Atomique Attraction : rien ne gaze plus entre eux, la planète des soft drinks en est toute secouée. Le marché est dominé par Coca-Cola, le *number one* avec 65 % de parts de marché contre 30% chez Pepsi-Cola..

Sortez votre suisse, modèle Wenger, garantie 5 ans, 24 lames à disposition en permanence avec 34 utilités. C'est le couteau du randonneur par excellence, un multi-fonctions avec tire-bouchon, grattoir à skis, dégorgeoir à poisson avec écailleur, ouvre-boîte, boussole incorporée, loupe, ciseaux et bien sûr décapsuleur à Coca-Cola.

Desserrez les mâchoires d'acier du goulot, psssiiittt, ce bruit ça vous dit quoi ? C'est la musicalité pulsatile du Coca-Cola. (Ne pas confondre avec un bchhhiiittt ou un zzzzzziitt, ça n'a rien à voir.) Avec Coca-Cola, on démarre au quart de tour, une véritable usine à gaz concentrée en bouteille, ça frise, ça pétille en bouche, ça gargouille, avec en prime une imperceptible explosion éruptive, signe indiscutable de la qualité Coca-Cola.

Richard Branson, patron des Virgin, l'homme qui ne se déballonne jamais, dirige sa petite entreprise avec doigté. C'est désormais en planétaire qu'il survole. Il avoue son attirance pour les secteurs hautement concurrentiels et convoite les parts de marchés pétillants de la World Company. C'est le défi adressé par Richard Branson à Doug Ivester, le boss de la Coca-Cola Company. Fallait oser titiller et s'infiltrer sur le créneau d'une petite production artisanale, à taille humaine, produisant annuellement plus de 77 milliards de litres, ce qui, converti en bouteilles, correspond à quelques 501 millions d'unités et quelques autres glougloutées par jour dans le monde par les 5,7 milliards de consommateurs potentiels dès le troisième millénaire. A l'occasion, allez visiter leur petit musée érigé à Atlanta, c'est facile à trouver : Coca-Cola Building 1, place Coca-Cola. La Compagnie y distribue gratis du bonheur en bouteille jusqu'à plus soif. Mister Ivester, Coca-Cola, *it's my favorite's*, et jamais personne ne pourra rien changer à cela.

nom du produit *: Cocotte-Minute SEB (celle qui cuit à la minute), marmite à pression agréée, contrôlée par l'AFNOR (Association française de normalisation). Pas moins de 2 ans et demi de recherches et une succession de physiciens pour trouver la solution et mettre au point un appareil sans danger. La tradition SEB, c'est la sécurité, la robustesse, les performances.*

conditionnement *: la Cocotte-Minute traditionnelle est en aluminium. Ses éléments se composent d'un corps, d'un couvercle avec un joint étanche maintenu dans deux étriers, fixé par un bouton de serrage. Une soupape tournante laisse échapper la vapeur avec une seconde soupape de sécurité. Les anses de bakélite permettent une prise fonctionnelle de la cocotte.*

SEB LES COCOTTES LES PLUS SÛRES AU MONDE

créateur *: 1953, Frédéric Lescure, l'arrière-petit-fils du fondateur de la ferblanterie, crée le premier autocuiseur connu sous la marque « Super-Cocotte SEB ». 1954, Monsieur Breton, Commissaire général du Salon (sous entendu des Arts-Ménagers) refuse à Lescure de présenter sa « Super-Cocotte ». L'inconséquent récidivera en 1956 avec la poêle TEFAL, la prenant pour un gadget. Ce n'est que partie remise. Dès 1954, SEB lance sa cocotte à grand renfort de pub et la présentera comme l'héritière légitime du « digesteur d'aliments » construit par Denis Papin en 1675.*

date d'origine *: 1857, Antoine Lescure, rétameur ambulant installa sa ferblanterie en Côte d'Or. L'année 1900 marque les débuts de la mécanisation grâce à l'acquisition de la première presse à emboutir lors de l'Exposition Universelle. 1953, lancement de la Super-Cocotte Aluminium en 3,5 l et 8 l. De 1954 à 1958, élargissement de la Gamme Alu. 1965, lancement de la Cocotte Inox…*

fabricant *: 1925, la manufacture fut reprise par les arrières-petits-enfants du fondateur. 1926, les deux frères Frédéric et Jean fondèrent la Société d'emboutissage de Bourgogne plus connue sous le nom de SEB, rejoint par leur frère Henri cinq ans plus tard. Août 1968, SEB devient l'actionnaire principal de TEFAL*

slogans publicitaires *: « Super-Cocotte de SEB, l'héritière légitime de Denis Papin », « Cuisinez sain et sûr avec SEB », « Faites une cuisine savoureuse. Et des économies… avec SEB ».*

SEB

PANIER DE LA MÉNAGÈRE DU TROISIÈME MILLÉNAIRE POUR 8

1 Cocotte-Minute Seb de 8 l en acier inoxydable
500 g de riz rond de bons crus (Italie, Espagne, Camargue...)
2 os à moelle moyens
1 l de Maggi poule vermicelle filtré
100 g d'oignon haché finement
15 cl de vin blanc sec
1 g de sel fin
5 tours de poivre blanc du moulin
50 g de beurre
100 g de parmesan râpé Reggiano
1 flacon d'huile d'olive vierge première pression

La veille, faites dégorger la moelle dans de l'eau, réservez-la une nuit au frigo. Le lendemain, changer l'eau régulièrement pour éliminer toutes traces sanguinolentes des petits vaisseaux sanguins. Ecrasez la moelle à la fourchette, réservez-la dans un bol. Préparez le bouillon de poule, portez-le à ébullition, réservez-le.

Faites fondre la moelle directement dans la Cocotte-Minute avec l'oignon sur un feu moyen. Versez le riz, remuez le temps qu'il nacre, qu'il deviennent translucide, ajoutez le vin blanc, laissez évaporer totalement. Salez et poivrez. Ajoutez le bouillon brûlant.

Portez à ébullition. Glissez le couvercle de l'auto-cuiseur dans ses étriers, vérouillez la Cocotte-Minute. Montez en pression. Baissez le feu dès que la soupape est en rotation et que vous entendez la mélodie des shuuuu, shuuuu... A partir de cette instant comptez 6 mn. Faites tomber la pression ouvrez.

Terminez la liaison du risotto en ajoutant beurre et parmesan, et autres légumes si l'envie vous en prenait. Remuez avec la cuiller en bois percée pour émulsionner. Dressez le risotto dans des assiettes creuses chaudes. Aspergez de quelques gouttes d'huile d'olive.

TRUC CUISINE

A l'aube du troisième millénaire, le ménager moderne peut sans souci cuire son risotto à la Cocotte-Minute, 6 mn suffiront. Après le succès du pain, de la confiture de lait en boîte, à présent les risotti. Terminé d'être seul à la cuisine devant sa gamelle à remuer et remuer encore et encore pendant 20 mn le risotto. Cette base est immuable, vous pourrez au gré de vos envies l'agrémenter de petits pois, de fèves de printemps, de coquillages...
Si toutefois vous trouviez le risotto un peu liquide ? Laissez réduire sur feu doux, attention au fond de la Cocotte-Minute. En aucun cas il doit brûler.

PANIER DE LA MÉNAGÈRE POUR UN GROS PAIN

1 cocotte-minute de 10 l
500 g de farine type 55 tamisée, c'est important
335 g d'eau tiède
10 g de levure boulangère
12,5 g de sel fin
moule à charlotte Tefal beurré de 18 cm de diamètre

Pesez l'eau. A l'aide du thermomètre, mesurez la température, en respectant les saisons. En hiver comptez 35°C, en été 25°C. Émiettez la levure dans l'eau. Mettez la farine dans la cuve du batteur Kitchen Aid, ajoutez le sel et mélangez. Versez l'eau, actionnez la vitesse du robot graduation 1 et pétrissez la pâte 15 mn avec le crochet. A l'aide d'une spatule, rabattez la farine collée aux parois jusqu'à parfaite absorption.

Laissez reposer la pâte 1 h dans la cuve couverte d'un linge dans une pièce tempérée à 24°. Pétrissez à nouveau 3 à 4 secondes pour donner du corps à la pâte. A nouveau, laissez-la reposer 1 h recouverte d'un linge au même endroit. Remplissez le moule et laissez pousser encore 1 h à couvert, toujours au même endroit. La pâte doit pousser au-dessus du moule.

Versez 50 cl d'eau dans la Cocotte-Minute, positionnez le panier rigide sur les rivets de la cocotte en position haute et posez le moule. Portez l'eau à ébullition, fermez le couvercle et laissez cuire 30 mn à partir du moment où la soupape chuchote. Une fois cuit, démoulez le pain, laissez-le reposer sur une grille, coupez de belles tranches encore tièdes. Cette tranche-la sera meilleure que chez le boulanger.
Si toutefois vous n'aimez pas le pain blanc, toastez-le ou enfournez-le à 200° (th 6-7) quelques minutes, juste le temps qu'il dore.

TRUC MINCEUR

Cette soupe a de jolis surnoms : brûle-graisses, soupe miracle, la béquille du pécheur... C'est bien meilleur que le sachet hyperprotidique de 28 g du docteur machin-chose acheté au prix du caviar.

Lavez les légumes, détaillez chacun d'eux en grosse julienne, mettez-les directement dans la Cocotte-Minute, ajoutez les Kub Maggi, salez, poivrez et couvrez d'eau à hauteur. Portez à ébullition sur un feu vif. Fermez le couvercle, metter la Cocotte-Minute sous pression. Dès que la soupape est en rotation, baissez le feu. A partir de cet instant, comptez 25 mn de cuisson.

LIRE LE PROGRAMME INTÉGRALEMENT :

Suivez le programme, il est équilibré en vitamines hydrosolubles (fruits, lait, légumes verts, viandes), liposolubles (beurre, parties colorées des fruits et légumes toujours verts), en vitamines A (beurre) et E (céréales). Au cours de la journée, boire un magnum d'eau minérale (changez de marques régulièrement), du café (2 maximum), un le matin, le dernier pris après le déjeuner, du thé Yunnan Tuocha ou autres brûle-graisses. La soupe du repenti se mange dès que vous ressentez un petit creux. Pain, alcools, boissons gazeuses sont INTERDITS.

Au-delà d'une semaine de régime, les femmes perdront au minimum 3 à 4 kg ; les messieurs, davantage, c'est comme ça ! Si vous souhaitiez poursuivre ce programme, pas plus de 2 mois, je vous encourage à dépenser quelques euros pour un bon apport de vitamines afin de ne pas voir vos jolis muscles se faire la malle. Au petit-déjeuner, prenez 2 comprimés à 0,50 g de chlorure de sodium. Ingurgitez 1 gélule de potassium pendant les 2 principaux repas. Pour votre 4 heures, sucez 1 comprimé de calcium. Enfin le soir, pour retrouver le repos du guerrier, diluez 1 sachet de magnésium dans un grand verre d'eau.

lundi : Préparez à la Cocotte-Minute les 6 l de « soupe du repenti ». Consommez-la toute la journée à volonté et mangez des fruits. En saison : pêche, brugnon, reine-claude, fraise. Les fruits au sirop sont tolérés (ananas, abricot, poire) mais sans boire le jus. Hors saison : clémentine, ananas, raisin, kiwi, pomme, poire, mangue, etc. Ne pas mixer la soupe les deux premiers jours pour le plaisir de mâcher les légumes.

PANIER DE LA MÉNAGÈRE POUR 7 L DE SOUPE

BASE IMMUABLE
1 Cocotte-Minute de 10 l
400 g oignons jaunes
350 g poivrons verts (vitamine C,celle de l'effort)
850 ml de tomates entières pelées au jus (riches en potassium, magnésium et provitamines A et C)
600 g de chou blanc (riche en sels minéraux et en vitamines K)
150 g de céleri-branche (digeste, peu calorique, il contient du chlorure de sodium)
3 cubes de bouillons de volaille Maggi
30 g de gros sel
poivre noir du moulin au goût
1 botte de persil

1 Maxi bol à languette 7,5 l Tupperware (D 40) pour stocker environ 5 à 6 l de soupe du repenti

« La marmite à pression », l'oubliée des années 30 reprend du service avec la pénurie de l'après-guerre. Appelée « marmite à cuisson sous pression », c'est l'époque des marmites en tout genre. Elles reviennent en force au salon des Arts ménagers. Jusqu'en 1954, la plupart de ces cocottes présentaient un réel danger pour les maîtresses de maison : elles explosaient de temps en temps...

SKETCHES

Bruits et chuchotements : Schuuu ! schuuu !! schuuu !!! schuuuu !!!!... Imaginez un seul instant que votre Cocotte-Minute devienne « motus et bouche cousue ». Ah ! l'angoisse ! Quelle source d'inquiétude. Le sifflement mélodique de sa soupape nous rassure, nous réconforte, nous berce et nous transmet les informations sur le déroulement de la cuisson : tout va bien.

Chut ! le bruit est un langage qui s'intègre à notre monde émotionnel.

Savez-vous pourquoi le marin d'eau douce ne monte jamais à bord sans sa Cocotte-Minute à fermeture de sous-marin ? Parce qu'elle permet de cuire à l'hermétique et de retrouver son repas même si le bateau gîte plus que d'ordinaire.

mardi : Prélevez la soupe nécessaire pour votre consommation journalière, sans la mixer. Au déjeuner, mangez des haricots verts cuits *al dente* dans de l'eau très salée pour préserver toute la chlorophylle, mangez-les nature et à volonté. Au dîner, préparez des épinards surgelés réchauffés à la vapeur avec 1 pomme de terre de 200 g cuite préalablement (10 mn) dans le panier de la Cocotte-minute. Mangez-la avec une portion de beurre cru (12,5 g), c'est autorisé et nécessaire pour la vitamine A. Pour le goût, ajoutez 2 ou 3 oignons fanes crus, émincés finement, 10 brins de coriandre fraîche ciselée et une pointe de gingembre râpé.

mercredi : Mixez le restant de soupe et prélevez votre ration journalière. Mangez à volonté : pour le déjeuner et le dîner, petits poireaux vapeur suivis d'un ananas juteux. Les patates et des bananes sont bannies. Ajouter avec parcimonie du curry de Madras, du persil chinois et aspergez la soupe de quelques traits de jus de cumbawa (citron vert frippé thaïlandais), au-delà de cette dose, le goût deviendrait savonneux.

jeudi : Prélevez votre ration quotidienne. Au petit déjeuner, prenez, pour le transit intestinal, des céréales au son de blé enrichies aux 8 vitamines avec 1 bol de lait demi-écrémé (la valeur de 4 à 6 verres à moutarde) pour le calcium… Mangez beaucoup de soupe du repenti. Ajoutez à votre repas 2 bananes pour le potassium. N'oubliez pas le magnum d'eau.

vendredi : Ajoutez dans la « soupe miracle » une épice de votre choix : 4 épices, fenouil grec, cumin…Au déjeuner, un steak haché ou un blanc de poulet à la poêle Téfal voire du poisson (lotte, cabillaud, turbot, sole), soit grillé à la plaque de fonte légèrement huilée puis essuyée avec du papier absorbant, soit poché, soit vapeur... Selon votre appétit, comptez entre 300 et 600 g de viande ou de poisson. Ajoutez une touche délicate de curry en poudre, ça réveille le palais.

TRUC MINCEUR

Évitez l'oisiveté, tournez le dos à votre frigo, regardez la télé, allez au cinéma, au théâtre, occupez-vous l'esprit, vos efforts seront récompensés. Pour le bureau, une gourde en plastique isotherme de 1,5 l Campingaz. Chaque jour remplissez votre thermos de soupe du repenti. Investir dans une glacière modulable en sac à dos pour plus de confort.

samedi : Préparez la soupe. Osez le citron vert ou du piment d'Espelette, il possède des vertus thérapeutiques carminatives et stomachiques en plus de son brûlant qui réconforte l'intérieur. Cette fois, ajoutez du riz complet au festin (sachet individuel de 125 g Uncle Ben's – cuisson 10 mn). Les capsules de la cardamome renferment des graines qui, séchées, sont utilisées comme épice. La cardamone parfume le riz à merveille. C'est *good* pour accompagner votre steak (hampe, araignée, onglet) cuit à la Tefal 20 cm de diamètre sans aucune matière grasse. Cuisez la viande sur des cristaux de fleur de sel. Pour une envie pantagruélique, osez trois portions de steak haché de 100 g chacun à 5% ou 15% de matière grasse, mais cette fois cuits avec la poêle de 24 cm de diamètre. N'oubliez pas d'agrémenter vos repas de légumes vapeur. Choisissez-les *soft*. Méfiez-vous des artichauts, du céleri-rave, des poireaux. Ils ne ménageront pas vos intestins.

Dimanche, jour du Seigneur, repos ! C'est la fin du cycle des 7 jours, un repos bien mérité s'impose pour rompre avec la rigueur. Pesez-vous, si la chance vous a souri, vous devrez avoir perdu au maximum 5 kg au pire 500 g. Alors ! Pour fêter cet événement, accordez-vous de petits plaisirs autorisés. Dévorez un poulet rôti entier en crapaudine au citron sans manger la peau, du thon grillé, des huîtres, des crevettes géantes, bref ! é-cla-tez-vous. Lundi est un jour nouveau. Recommencez le programme si le cœur vous en dit.

LA SARDINE CONNÉTABLE
POUR MOI, C'EST LE MEILLEUR DE LA MER

nom du produit : *sardines préparées à l'ancienne à Douarnenez, à l'huile d'arachide, de tournesol ou d'olive vierge extra. Les « filets de sardines » Connétable sont issus des meilleures sardines bretonnes. On les aime sans ou avec arêtes. Les amateurs disent qu'elles amendent la sardine…*

conditionnement : *les sardines sont alignées en rang dans une boîte de métal doré, soulignée d'un filet rouge à l'effigie d'un illustre disparu, Éric Tabarly, et décorée d'un blason aux armes de la Bretagne, avec cinq fleurs de lys noirs sur fond blanc que surplombe une couronne rouge soutenue par deux lions majestueux. Un anneau faisant levier dit « à ouverture facile » permet l'ouverture sans clé. Pour remédier aux tracasseries des projections, le Musée imaginaire de la Sardine a consacré une vitrine, la n° 9, intitulée « Risques et Techniques » afin de perfectionner votre doigté.*

créateur : *1853, Wenceslas Chancerelle commercialise la sardine à l'huile après la découverte de l'appertisation (1810 par Nicolas Appert). C'est la plus ancienne conserverie de sardines du monde.*
En 1997, la conserverie Wenceslas Chancerelle demeure l'unique conserverie de sardines à Douarnenez. Cette entreprise perpétue, tout en innovant, le savoir-faire ancestral.

Savoir-faire : *Préférez toujours les sardines portant la mention « préparées à l'ancienne ». C'est une sardine sélectionnée, étêtée manuellement, séchée, frite sur le gril à l'huile puis égouttée. Elle est encore parée, triée à la main et enfin emboîtée manuellement.*
Attention ! Suivre le cours de la Sardine d'Argent Connétable. Depuis 1992, un coffret de 7 boites plus une vide, pour votre collection, est proposée. En outre, le décor est renouvelé chaque année. Laissez-les vieillir 5 à 6 ans, elles seront meilleures et prendront de la valeur. A découvrir ! un nom qui claque au vent : PEN DUICK, le bateau emblématique d'Eric Tabarly, pour illustrer les nouvelles Belles de Bretagne.

ingrédients : *sardines sélectionnées, huile d'arachide, sel.*

slogan publicitaire : *« La sardine Connétable !… Pour moi, c'est le meilleur de la mer. » Éric Tabarly*

SARDINE
Connétable
DEPUIS 1853
Préparées à l'ancienne à Doua
à l'huile d'arach

beurre de sardine au pur malt old reserve

PANIER DE LA CUISINIÈRE
DU CUISINIER
POUR 8 ASSOIFFÉS

3 boîtes de sardines d'argent Connétable à l'huile d'olive millésimées
200 g de beurre demi-sel en pommade
2 c à soupe de whisky pur malt
1 c à soupe de Tabasco
1 c à soupe de concentré de tomate en tube Panzani
la bouteille de whisky sur la table avec ou sans glaçon

Mettez les sardines désarêtées directement dans le bol du robot-ménager, ajoutez le beurre, le whisky, le Tabasco et le concentré de tomate. Turbinez par intermittence à très petite vitesse, appuyez sur le pulseur du robot-ménager jusqu'à ce que le mélange soit homogène mais sans trop. Raclez le beurre de sardine à la spatule de caoutchouc. Mettez dans un bol, filmez, réservez 2 h au frigo.

Installez votre monde confortablement à la salle à manger pendant que ces messieurs refont l'histoire. Pour le pain, si vous optez pour du Poilâne, passez quelques tranches sous le gril de votre four d'un seul côté. Pour celles qui marchent à la baguette, je vous recommande de la couper en deux puis de la trancher sur la longueur. Faites dorer légèrement sous le gril.

Recommandation, il est préférable de laisser refroidir le pain grillé avant de le tartiner.

TRUC CUISINE

C'est un plaisir exquis d'être la marraine d'une tartine, il n'y a rien de plus bouleversant. Que je l'aime la tartine au pure Malt de Bénédict Beaugé, co-auteur **D'atlantique, cuisine de l'authentique** *avec l'ami Thorel, cuisinier-paysan. B.B et moi partageons le même plaisir : classer la croûte.. On est* **cape** *de s'arrêter à toutes les stations d'autoroutes pour baffrer un « Transalpin » rebaptisé* **Coppa-Fromage** *ou pour mon « Elliott Ness », renommé jambon fumé-œufs mimosa. Pourquoi se priver de tant de poésie...*

sardines aux pommes d'en haut, jus balsamique

rémoulade d'ostergrüss, rosé de Pâques

Sortez délicatement les sardines de leur boîte, mettez-les dans un saladier, retirez les arêtes pour celles et ceux qui ne les aiment pas. Ajoutez d'une manière décontractée la valeur de 2 cuillères à soupe d'huile de la boîte. Coupez les pommes en petits cubes et mélangez-les aux sardines. Assaisonnez, vinaigrez, espelettez, mayonnaisez, goûtez, rectifiez peut être... et réservez.

Beurrez les feuilles de brick au pinceau des deux côtés, enfournez-les 2 mn sur une plaque à pâtisserie sur un papier sulfurisé à 180°(th 6) pour les dorer. Cassez-les en gros morceaux n'importe comment et réservez.

Faites réduire le vinaigre balsamique jusqu'à léger épaississement (une pointe de Maïzena ajoutée en douce fait bien l'affaire) et réservez le jus balsamique.

Détendez la mayo avec un peu de vinaigre blanc et réservez la sauce mayo. Ce truc est formidable.

Sans les éplucher, moulinez les radis dans le mouli-julienne (grille fine). Pour les ostergrüss, ôtez les radicelles (petites racines). Pressez la julienne de radis entre vos mains pour en retirer l'eau. Assaisonnez en mélangeant tous les ingrédients de la rémoulade.

Dans le fond des assiettes, nappez une quantité suffisante de jus balsamique. Au centre, disposez un dôme de sardines, et autour de celui-ci, dessinez des arabesques de sauce mayo. Sur le haut de la pyramide de sardines, plantez un beau morceau de pâte à brick crousti-craquant.

Dans une petite assiette à dessert, dressez la rémoulade. Servez en accompagnement des sardines aux pommes d'en haut.

TRUC JARDIN

L'ostergrüss est un radis rose géant, de la taille d'une carotte. On le sème au potager d'avril a septembre. (Semences chez Caillard.) Ce rosé de Pâques est productif en 5 semaines. Il se mange en rémoulade, comme le céleri.

TRUC CUISINE

Passez rapidement une blouse de nylon. Tenez la boîte de sardines de la main gauche en tirant l'anneau dit à ouverture facile vers la droite, tout en maintenant l'ensemble fermement, écartez-vous suffisamment de la boîte... Une petite éponge à portée de la main est souhaitable...

PANIER DE LA CUISINIÈRE
JOUR DE FRIME POUR 8

4 boîtes de sardines à l'huile d'arachide Connétable
2 c à soupe d'huile des sardines
2 pommes Granny Smith en dés
2 c à soupe de vinaigre
1 pincée de piment d'Espelette ou à défaut de Cayenne
2 c à soupe de mayonnaise Lesieur
1 pincée de sel
30 g de beurre fondu
3 feuilles de brick (grandes surfaces en paquet de 10 feuilles)

JUS BALSAMIQUE

15 cl de vinaigre balsamique
1 pointe de Maïzena

SAUCE MAYO

120 g de mayo Lesieur
1 c à soupe de vinaigre d'alcool blanc

RÉMOULADE

1 botte de radis roses ou 3 ostergrüss
1 c à soupe de vinaigre Melfort
2 c à soupe d'huile d'arachide
2 c à soupe de mayo Lesieur
1 c à soupe de crème de raifort

sardines à l'ancienne, pommes de terre Ducasse

PANIER DE LA CUISINIÈRE DU CUISINIER POUR 4

2 boîtes de sardines au citron Connétable
400 g de pommes de terre à chair farineuse (Manosque, Binjte...)
100 g de beurre demi-sel mou
fleur de sel de Ré
4 brins de persil plat ciselé

Lavez les pommes de terre, cuisez-les à la vapeur en robe des champs dans le haut du couscoussier ou du cuit-vapeur. Pour vérifier la parfaite cuisson, transpercez la pomme de terre de part en part, la lame du couteau doit s'enfoncer facilement.

Retirez la peau des pommes de terre encore chaudes, c'est plus facile. Disposez-les dans un plat chaud. Ouvrez les boîtes de sardines, disposez-les sur une jolie dentelle de papier blanc, posez-les sur un plat coiffé d'une cloche d'argent et réservez.

Mettez dans votre assiette une pomme de terre. Déliez ses chairs à la fourchette, incorporez avec délicatesse juste ce qu'il faut de beurre, parsemez çà et là de cristaux de fleur de sel avec quelques feuilles de persil plat. Déposez la sardine à côté sur son flanc. Dès lors, le geste se fait plus lent, vos papilles se dilatent, attrapez un filet de sardine, une bouchée de pomme de terre brûlante. L'onctuosité et le parfum délicat du beurre ne font plus qu'un. N'est-ce pas grisant ?

Zoom sur la sardine ! Elle est universelle, on la trouve dans toutes les mers du globe. Aujourd'hui, ses ventes ne cessent d'augmenter. Sa Majesté a même son Musée imaginaire de la Sardine, à Sète, parcours initiatique autour d'une collection de mille boîtes ornées de peintures naïves et venues du monde entier, qui racontent ses aventures au pays des hommes. À Madrid, on lui consacre des processions ; en Italie, mangée avant un concert, elle éclaircirait la voix des Caruso. Bref ! Elle déclenche des folies.
La sardine a ses dévots. Une *huile*, Michel-Edouard Leclerc, n'en possède pas moins de cinq cents boîtes. Pierre Tchernia succombe en voyant le « Nautilus » du capitaine Nemo, superbe boîte bleue, grise et noire.

Même Salvador Dali tomba amoureux du petit poisson bleu. En effet, quand il fut jeté en prison, pendant la guerre d'Espagne, la seule nourriture que lui concédait ses gardes était la sardine à l'huile.

En 1994, une exposition au Musée national des arts populaires relatait l' histoire de la sardine : **Mise en boîte,** *où l'on pouvait admirer les plus belles boîtes de sardines telles les Voyageuses, Sardines du chat, Coq gaulois, la Madelon, les Déesses, les Délectables, les Admirables, l'Oscar des mers...*

sardines de Marie Sklodowska

PANIER DE LA MÉNAGÈRE POUR 4 SCIENTIFIQUES

1 boîte de sardines Connétable au citron
1 boîte de sardines Connétable à la tomate
400 g de riz basmati
1 c à soupe d'huile d'arachide
75 cl d'eau minérale
1 c à café de sel
1 œuf
8 Malossol (gros cornichons doux)

Lavez plusieurs fois le riz à l'eau froide, la dernière eau devant être claire. Egouttez-le, mettez le riz dans un saladier avec l'huile, remuez pour graisser les grains. Ajoutez l'eau minérale, salez, mettez au micro-ondes puissance maxi pendant 15 à 20 mn selon la puissance de votre four. Dès que le riz est cuit, aérez-le à la fourchette. Pour une cuisson traditionnelle, respectez les proportions sacrées de la cuisson du riz de Marguerite Duras : 2 hauteurs d'eau pour 1 hauteur de riz, cuisez jusqu'à évaporation complète du liquide.

Ouvrez les boîtes de sardines, cuisez l'œuf dur 10 mn, coupez-le en deux dans la largeur. Dressez le riz en dôme dans un joli plat de faïence blanche, sur le pourtour posez 1 sardine au citron, 1 Malossol, 1 sardine à la tomate, 1 Malossol, ainsi de suite jusqu'à épuisement, puis sur l'arête du dôme de chaque côté du centre, plantez une moitié d'œuf dur. Madame Curie nous donne une belle leçon avec pas grand- chose.

TRUC CUISINE

Un soir, éreintés par leurs recherches sur « l'hyperphos-phorescence », les Curie (prix Nobel de physique en 1903) rentrent chez eux. Des invités sont au salon. Georgette la bonne, leur fille Irène dans les bras, demande **ex-abrupto** *à Sklodowska : « Qu'est-ce qu'on mange, patronne ? » Marie Sklodowska, madame Curie, improvise cette recette devenue historique : riz, cornichons à la Russe, 2 rondelles d'œuf dur et... quelques sardines. Si vous soulez vérifier cette anecdote, visionnez* **Les Palmes de Monsieur Schutz.**

méranda de sardines en boîte

le casse-croûte niçois

Jetez les sardines et les rondelles de citron dans le bol du robot-ménager, pressez le jus de citron, ajoutez tous les ingrédients sauf les radis, le concombre, le pain et les œufs de caille. Mixez 1 mn à petite vitesse par pulsion.

Faites griller le pain de campagne sur les braises d'un barbecue ou, à défaut, sous un gril. À l'aide d'un robot-ménager, coupez les radis et le concombre en rondelles très fines.

Aspergez le pain grillé côté croûte dorée avec quelques gouttes d'huile de la marinade de la boîte, tapissez la tranche de quelques ronds de concombre, tartinez de méranda, placez çà et là quelques rondelles de radis, sans oubliez de disposer sur le dessus les œufs de caille coupés dans le sens de la longueur.

Conseil de la cuisinière

Nouez-vous autour du cou un drap brodé de votre trousseau acheté à la salle des ventes de Nanterre et savourez.

PANIER DE LA MÉNAGÈRE POUR 4

MÉRANDA
2 boîtes de sardine à l'huile d'olive et au citron confit
3 filets d'anchois allongés à l'huile
1 c à soupe de câpres
1 jus de citron
6 feuilles de basilic
1/4 de botte de cerfeuil (sans les queues)
2 pincées de fleur de sel
3 tours de poivre noir du moulin

8 tranches moyennes de pain grillé
10 beaux radis rouges
10 rondelles de concombre
8 œufs durs de caille cuits 4 mn

TULIP

CORNED BEEF

nom du produit : *« TULIP », Corned beef ; fournisseur de la cour royale Danoise ; viande de bœuf désossée, salée et hachée, avec ou sans gelée.*

conditionnement : *une drôle de boîte trapézoïdale en fer blanc de 340 g (existe aussi en 198 g) munie d'une clef soudée sur l'un des fonds. Dégoupillez la clé, soulevez la languette de métal et enroulez celle-ci autour de la clé pour ouvrir la boîte. Sur un fond de prairie, un bœuf au regard vague fixe chaque gourmet. Une raie jaune et rouge surplombe l'animal comme une couronne.*

date d'origine : *pendant la guerre de Sécession, aux alentours de 1861-1865, le Corned beef a vu le jour à Chicago. En 1908, création de la marque Tulip au Danemark.*

ingrédients : *bœuf, sel, sucre, conservateur : E 250, nitrite de sodium. Cela permet de rosir la viande pour lui donner un aspect appétissant, sinon elle serait grise.*

fabricant et distributeur : *Tulip International France, 6 avenue de Roquencourt, 78150 Le Chesnay. Siège au Danemark.*

définition du corned beef : *Miroton de bœuf comprimé en bloc avec ou sans gelée. La viande est désossée, salée et hachée gros. Elle doit comprendre 21% de protéines au minimum selon les normes internationales. Le corned beef peut être consommer chaud ou froid.*

TULIP
TULIP
CORNED
BEEF

pute à poêle, made in Scandinavia

PANIER DE LA MÉNAGÈRE POUR UNE TABLÉE DE 8

1 boîte de corned beef Tulip de 340 g
500 g de restes de viandes : poulet, jambon, bœuf, autruche, alligator, belle-mère...
4 beaux oignons
20 g de beurre
10 cl d'huile d'arachide
450 g de « pommes rissolées » préfrites surgelées
3 pincées de sel fin
2 pincées de poivre gris moulu
7 brindilles de persil plat haché
4 ou 6 jaunes d'œufs dans leur coquille

CONDIMENTS

cornichons
aigre-doux
ketchup
Picalilli...

Ouvrez la boîte de corned beef, coupez la viande en gros dés, faites de même avec les autres restes de viande. Épluchez les oignons, hachez-les finement, faites-les suer à la Téfal dans une noix de beurre mousseux, égouttez et réservez.

Toujours dans la poêle, faites rissoler dans l'huile d'arachide, à feu très vif, les pommes de terre surgelées. Remuez souvent puis égouttez-les lorsqu'elles sont dorées. Salez.

Mettez dans la poêle toutes les viandes, les pommes de terre, l'oignon, salez et poivrez. Poursuivez la cuisson à feu doux pendant 7 mn. Égouttez afin de retirer l'excédent de graisse. Présentez *PP* dans un joli plat ou sur assiette individuelle. Parsemez de persil. Mettez à disposition tous les condiments, présentez à part les jaunes encoquillés crus posés sur du papier d'alu froissé. Chacun liera ou non « pute à poêle » au jaune d'œuf selon son envie.

Truc cuisine

En suédois, Pytt *se prononce pute et* panna *veut dire poêle. La contraction des deux a donné Pute à poêle d'après la recette originale de Darling Lili, ma copine suédoise. Les Suédois, grands amateurs de corned beef, servent ce plat fétiche les lendemains de fêtes. Le principe est simple : on vide tout le frigo dans la poêle, on ajoute du corned beef, du sel et du poivre. Les enfants adorent çà avec du ketchup, des cornichons ou de la moutarde. A classer dans les bonnes ragougnasses.*

corned beef du dimanche soir

Truc cuisine

« Oh !
eh !
hein !
bon !
des cornichons,
de la moutarde,
du pain,
du beurre,
des petits oignons,
des confitures
et des œufs durs,
des cornichons,
des corned beef
et des biscottes. »
Plus une minute
à perdre,
foncez achetez
Le Meilleur de
Nino Ferrer *chez*
Barclay.

Dans une poêle Téfal, sans la rayer, écrasez le corned beef à la fourchette. Cassez directement les œufs dans la poêle. Remuez alors avec une cuillère en bois pour mélanger les éléments. Salez, poivrez, relevez le tout au Tabasco.

Préparez les sandwichs du dimanche soir. Sciez la baguette sur toute sa longueur à l'aide du couteau à pain, coupez-la en 4 morceaux et réservez les croûtons aux méritants.
Tartinez généreusement de corned beef du dimanche soir un des côtés de la baguette, rabattez la seconde tranche sur la première. Passez quelques minutes sous le gril du four.

Découpez de grosses rondelles de cornichons Malossol que vous disposerez avec insistance à l'intérieur du sandwich. Si vous préférez les petits cornichons, disposez-les entiers sur le corned beef chaud.

Installez-vous confort, à l'espace-salon, et mordez votre corned beef, comme dans la chanson…

Panier de la ménagère pour le casse-croûte du 20 h en solo

1 boîte de corned beef de 340 g
1 poêle Téfal
2 œufs entiers
sel
poivre moulu
1 c à soupe de Tabasco
1 baguette parisienne
1 télévision

PANIER DE LA MÉNAGÈRE NOSTALGIQUE POUR 8

FARCE

1 boîte de Corned Beef de 340 g
1 boîte de noix d'épaule cuite Tulip de 454 g
1 botte de persil haché
1 c à café de sauge séchée

JUS DE LA MARINADE

3 c à soupe de cognac
5 cl de fond de veau Maggi en poudre
2 c à soupe de jus de citron
le zeste d'un citron
3 tours de poivre noir

8 œufs de caille
2 rouleaux de pâte brisée CroustiPâte
20 g de beurre
1 barquette en aluminium de 1 à 1,5 l

Préparez la farce et la marinade au moins 2 h à l'avance. Ecrasez grossièrement le corned beef à la fourchette et réservez au frais. Détaillez la noix d'épaule cuite en cubes de 2 cm de côté. Disposez-les dans un grand saladier. Ajoutez le persil haché, la sauge, le cognac, le fond de veau, le jus de citron et le zeste. Poivrez fortement, ne salez pas le jambon. Couvrez d'un film alimentaire et réservez au frigo.

Dans une petite casserole, ébouillantez les œufs de caille pendant 4 mn, plongez-les dans l'eau froide, écalez les œufs et réservez.

Préchauffez le four à 150° (th 5).

Sortez les rouleaux de pâte brisée et laissez-les 20 mn à température ambiante. Beurrez la barquette en aluminium. Sur un plan de travail légèrement fariné, étendez un disque de pâte. Déroulez-le au-dessus de la barquette, tapissez le fond et les parois du moule. Appuyez délicatement du bout des doigts dans les coins. Découpez aux ciseaux le surplus en prenant soin de laisser 1 cm de pâte déborder du moule.

TRUC CUISINE

Olida n'est plus, vive Tulip.
Un texte long ne signifie pas une recette compliquée.
Il faut une dizaine de minutes pour cette préparation : CroustiPâte est là pour vous aider.
Quelques gestes suffiront pour sublimer ce pâté en croûte et vous blufferez, pour pas cher, votre petite cour.

Garnissez la barquette, à mi-hauteur, de la moitié de la préparation au jambon, poivrez et répartissez les œufs de caille. Recouvrez de corned beef et terminez par la farce de jambon sans la tasser. Gardez de côté le jus de la marinade. Rabattez les bords de pâte vers l'intérieur.
Dans le deuxième rouleau de pâte, coupez une bande de la taille de la barquette et posez-la sur le dessus de la farce, badigeonnez et soudez les bords de la terrine. Faites une ouverture d'1 cm de diamètre au centre du pâté, enfoncez une petite cheminée de papier dans l'orifice. Dans les chutes de pâte brisée, taillez de petites feuilles, dessinez des nervures avec la pointe du couteau. Collez à votre guise les feuilles sur le dessus de la terrine et dorez-les légèrement à l'oeuf battu.

Enfournez le pâté en croûte 30 mn. Sortez-le du four et laissez-le refroidir. Pendant ce temps, chauffez sur feu doux le jus de la marinade. Hors du feu, ajoutez la gélatine préalablement ramollie dans un bol d'eau froide, au bouillon de volaille filtré. Avec un petit entonnoir versez-le petit à petit dans l'ouverture du pâté. Faites durcir au frigo par intermittence.

Mettez la terrine au frigo au minimum 8 h avant de la déguster. Trempez quelques instants le fond de la terrine dans de l'eau chaude et démoulez le beau pâté en croûte en glissant la lame d'un couteau le long des parois. Découpez de belles tranches et accompagnez ce délicieux pâté en croûte d'une salade d'herbes du jardin du curé. Mortel !

DORURE`

1 jaune d'œuf

3 feuilles de gélatine alimentaire
30 cl de bouillon de volaille Maggi poule vermicelle filtré
moulinez, moulinez du poivre noir
PAS UNE ONCE DE SEL (il y en a suffisamment dans l'épaule)

Que corn ne vous induise pas en erreur. Rien à voir avec un quelconque bœuf au maïs mijoté avec amour par une ménagère… Pour une fois, corn doit être pris dans son acception anglaise et signifie « grain ».

Confirmation : il s'agit bien de bœuf haché gros.

L'origine est indubitablement yankee. Né probablement à Chicago afin que le brave soldat nordiste emmène, dans sa musette, une ration de bœuf à l'abri des balles ennemies, dans sa petite armure de fer blanc.

Souvenez-vous, dans *Tintin en Amérique*, le jeune reporter est invité à visiter les abattoirs *Slift* de Chicago.

À un bout de la chaîne, le bœuf sur pied, ou plutôt sur tapis roulant, et à l'autre bout, la boîte prête à l'emploi.

Khrouchtchev, à la tribune de l'ONU, affirma haut et fort : « C'est le corned beef qui a gagné la guerre. » Il avait raison ! Sans sa ration de bœuf sous fer blanc, le vaillant soldat soviétique n'aurait pas tenu l'enfer russe ni d'ailleurs le courageux G.I. JOE dans les îles du Pacifique.

Truc cuisine

Cette recette est très facile à réaliser. On fait mariner le bœuf 72 h avant de le cuire. Sa couleur doit être d'un rose moins soutenue que le corned beef industriel. Petite recommandation : ne préparez pas moins de la moitié de corned beef prévu dans la recette.

PANIER DE LA MÉNAGÈRE FOURMI

2,250 kg de flanc de bœuf (bavette)
3 pieds de cochon (facultatif) ou
1 sachet de gélatine alimentaire
2 feuilles de laurier

MARINADE

1,75 l d'eau
100g de gros sel fin (il se dissout mieux)

Dénervez le bœuf si nécessaire, laissez la pièce de viande entière. Faites fondre le sel dans l'eau et vérifiez la bonne densité de la marinade en plongeant une pomme de terre crue dans le liquide. Si la patate flotte, la marinade est bonne, sinon ajoutez du sel jusqu'à bon poids, bonne mesure. Immergez la viande, filmez et stockez-la 72 h au frigo .

Sortez la bavette et rincez-la à grande eau. Mettez la viande et les pieds de cochon dans la Cocotte-Minute Seb, recouvrez d'eau juste à hauteur avec le laurier. Mettez sous pression et comptez 60 mn de cuisson à partir des *Schuuu, Schuuu, Schuuu !!!*

Baissez le feu. Ne gardez que la viande de bœuf, filtrez le jus de cuisson à la passoire. Pour l'option pieds de cochon, testez la fermeté de la gelée de cuisson avec une cuillère en bois que vous trempez dans un peu de gelée, réservez-la au frigo. Si celle-ci n'est pas suffisamment dense, ajoutez 3 feuilles de gélatine dans le liquide. Il faut 1 l de gelée pour le corned beef de la Hermé's House, gardez le reste sans ajouter de gélatine alimentaire pour l'option « gélatine ».

Émiettez le bœuf encore tiède, conservez le gras, jetez les parties nerveuses. Mixez la viande en hachis par pulsion à petite vitesse. Il ne faut pas réduire les chairs en purée. Utilisez votre *Combiné Jeannette* (hachoir ménager Moulinex). Mélangez le hachis à la gelée, la viande doit absorber la sauce et rester assez molle.

Si la consistance était trop ferme, ajoutez un peu de jus sans gelée pour équilibrer la texture. Assaisonnez de sel et de poivre au goût. Dans une terrine en fonte Francis Staub, le célèbre fondeur alsacien depuis 1899, répartir le corned beef de la Hermé's House, posez un poids dessus et laissez une nuit au frigo.
Le lendemain, démoulez et servez avec des chutneys ou des aigres-doux.

ALAIN DUCASSE

nom du produit : *A.D. pour Alain Ducasse. 1,80 m de pur produit franco-français de l'intérieur, dans le respect de la tradition de la cuisine bien de chez nous. Premier cuisinier français du XXe siècle à avoir obtenu deux fois trois étoiles au Michelin (petit livre rouge de l'orthodoxie franchouillarde)*

conditionnement : *chemise sans faux-col ; se fait tailler ses costards chez « Monsieur Georges », Maison Ichty's à Monte-Carlo ; shoes en Cordovan (peau de dada – foi de dudu) de chez Alden, taille 9, tous les grands d'Hollywood, ces princes de l'élégance, s'en étaient fait un attribut : Cary Grant, Burt Lancaster, Walter Pigeon… Émouvant ! Lunettes cerclées d'écaille de chez Oliver Peoples et, à la main droite, une Tank américaine de chez Cartier, en or massif (bien sûr).*

CHANGEZ SANS TOUT CHANGER

création du produit : *13 septembre 1956 à Orthez. Sa recette : ne pas dépendre des banques, n'être l'employé de personne et ne pas être propriétaire de ses restaurants sauf en Ducassie à Moustiers-Sainte-Marie, prestige oblige. Avec Spoon (14 rue de Marignan, VIIIe), cet impertinent nous révèle la cuisine du troisième millénaire et donne la leçon sans y perdre son âme.*

L'homme qui en faisait trop ! Ce n'est pas le film d'Hitchcock, Ducasse ne fait pas son cinéma. Il cuisine dans sa tête. Cet homme de tous les défis et de tous les horizons est un véritable paradoxe. A.D. mène une double vie entre Monaco ou il dirige le Louis XV et Paris dans le restaurant qui porte son nom.

fabricant : *gérant et actionnaire de deux sociétés Cooking Consultant à Monaco et Ducasse France à Moustiers qui ont respectivement comme client et partenaire la Société des bains de mer et la Compagnie générale d'hôtellerie et de services, entre autres…*

slogans publicitaires : *« savoir-faire, faire-faire, et faire-savoir »*

date d'origine du McDudu : *À l'occasion du bicentenaire de la mort de Lord Sandwich, Lionel Poilane organise à la manufacture de Bièvres un hommage à cette si populaire découverte. Alain Ducasse présenta ce jeudi 19 mars 1992 son célébrissime McDudu, la fameuse « fougasse Riviera ».*

ALAIN DUCASSE
Huile
d'Olive
Vierge Extra
de Ligurie
TERRE
BORMANE

PANIER DE LA MÉNAGÈRE DE PLUS DE 50 ANS RESPONSABLE DES ACHATS POUR 5

2 tomates pour 5 copeaux de tomate confite
huile d'olive
sel fin
8 gousses d'ail
2 artichauts violets (poivrade)
1 jus de citron
7 feuilles de basilic
1 cébette ou 1 jeune oignon
1/2 poivron rouge
50 g d'olives noires
40 g de parmesan
600 g de pâte à pain au levain du boulanger
1 filet d'anchois frais au sel, rincé
poivre noir
fleur de sel de Guérande

Pelez, puis ôtez les pépins des tomates. Sur ses chairs, taillez de larges copeaux. Mettez-les à sécher au four à 100° (th 2/3) pendant 2 h avec 2 gousses d'ail écrasées avec la peau et un filet d'huile d'olive. Salez.
Tournez les artichauts et sectionnez les feuilles au 3/4 pour dégager le cœur. Cuisez-les à l'eau salée et citronnée avec un peu d'huile d'olive.
Coupez les feuilles de basilic en grosse chiffonnade.
Émincez finement la cébette jusqu'en haut de la tige verte nervurée.
Dans l'huile restante, mettez à confire doucement 4 gousses d'ail entières. Réservez les 2 autres pour le décor. Taillez le poivron en fines lamelles et procédez comme avec l'ail. Dénoyautez les olives. Avec un économe, taillez le parmesan en fins copeaux.

Dressage : Partagez la pâte en deux (2 fois 300 g), étalez chacune des parts en leur donnant une forme ovale. Sur la première abaisse, disposez au milieu tous les ingrédients qui entrent dans le McDudu© sans oublier le filet d'anchois. Donnez un tour de moulin à poivre et aspergez d'huile d'olive. Recouvrez de la deuxième abaisse, en prenant soin d'appuyer sur les bords afin qu'ils soient collés.

Laissez pousser 1 h au frais. Avec une lame de rasoir incisez le McDudu© en biais comme on le ferait pour une fougasse. Posez les 2 gousses d'ail sur la pâte en les coupant à la base, les enfoncer à l'intérieur de la fougasse. Ajoutez les copeaux de parmesan, parsemez de fleur de sel, d'un peu de poivre. Cuisez 10 mn environ à 210° (th 7), laissez refroidir après cuisson sur une grille, découpez 5 portions, dégustez encore tiède.

pain mouillé

Truc cuisine

En provencal, pain mouillé se dit Pan-Pagnat. Dans les années 50, les paysans utilisaient des petits pains ronds rassis qu'ils ramollissaient avec de la vinaigrette. On coupe les boules de pain en deux, on dispose les ingrédients dans la partie inférieure formant une petite baignoire. Mouiller très généreusement de vinaigrette et recouvrir de l'autre moitié de pain.

Préparez la vinaigrette à l'avance pour qu'elle s'imprègne du parfum des aromates. Mettez dans un saladier le sel, le poivre, le vinaigre et l'huile.
Ajoutez la tomate pelée, épépinée et concassée grossièrement à la fourchette ; pressez l'ail, émincez le céleri, coupez en lanières les poivrons verts et le pimiento, les cébettes, dénoyautez les olives et mettez la farce dans la vinaigrette.

Cuisez les œufs durs 10 mn.

Coupez les petits pains, imbibez-les généreusement de la vinaigrette. Épongez les artichauts, graissez-les à l'huile avec un peu de fleur de sel. Répartissez équitablement les éléments de la vinaigrette, ajoutez des filets de thon, les anchois apprêtés, les artichauts, les œufs coupés en deux, puis la roquette et le basilic, la tomate coupée en rondelles, une petite pincée de fleur de sel, de poivre du moulin sur chaque pain mouillé. Comprimez-les avec le couvercle en ayant soin de le mouiller de vinaigrette. Mangez-le tranquillement dans votre baignoire, avec une paire de gants de ménage.

PANIER DE LA MÉNAGÈRE POUR 4

VINAIGRETTE

2 pincées de fleur de sel
3 tours de poivre noir du moulin
3 c à soupe de vinaigre de vin
9 c à soupe d'huile d'olive vierge extra

FARCE

1 tomate pelée et mondée
2 petites gousses d'ail
1 cœur de céleri-branche
2 petits poivrons vert doux « corne de bœuf »
1 pimiento del Piquillo (poivron espagnol en boîte)
2 cébettes émincées jusqu'à la tige
12 petites olives niçoises

GARNITURE

4 œufs de caille
4 boules rondes au levain de 100 g chacune
2 artichauts violets citronnés et émincés
fleur de sel
1 boîte de filets de thon, à défaut des miettes
4 anchois allongés au sel, désarêtés, désalés et rincés
40 g de roquette huilée
4 larges feuilles de basilic
1 tomate coupée en rondelles
poivre du moulin

PETIT SUISSE GERVAIS

nom du produit *: Le petit suisse nature à 40% de matière grasse. Fromage frais nature Gervais. Avec l'avènement des années minceur, et pour conquérir un marché plus large, deux versions light sont proposées à 30 et 20% de matière grasse.*

conditionnement *: 2 x 6 x 60 g = 720 g, soit 12 pots. Hier, Le petit suisse était moulé et calé dans une boîte de carton blanc paraffiné. Aujourd'hui : on déloge « le petit suisse » de son alvéole circulaire en plastique servant de moule au produit, lui-même protégé par une bande de papier traité au sorbate de calcium. On déroule la banderole humide qui l'entoure, préliminaire émotionnel du plaisir de la dégustation, geste rituel, qui projette chacun de nous dans la petite enfance.*

TIENS LES VOILÀ
LES PETITS GERVAIS

fabricant *: A l'origine, la Société Charles Gervais fabrique le produit. En 1967, la société Gervais fusionne avec la société Danone, intégrée ensuite au groupe BSN qui n'a jamais abandonné la recette de la brave Mme Hérould. Chaque année, plus de 4 millions de petits suisses sont moulés à l'usine de Neufchâtel-en-Bray en Seine-Maritime. Gervais fait parti du groupe Danone (®Compagnie Gervais Danone)*

ingrédients *: lait écrémé, crème, ferments lactiques, papier traité au sorbate de calcium.*

date d'origine : *en 1850, Charles Gervais découvre la recette de ce fromage frais chez une fermière du pays de Bray, en Normandie. Depuis, sept générations ont fait le geste rituel : dérouler la banderole du petit suisse.*

la Farce bonne à tout Faire

pour une turkey

PANIER DE LA MÉNAGÈRE À NOËL

FARCE

6 petits suisses Gervais à 40%
40 g de raisins secs
600 g de saucisses chipolata
30 g de beurre
2 pommes Granny Smith
le foie de la Butterball turkey
100 g d'oignons hachés fin
2 c à soupe de vinaigre blanc
3 scones
30 g de pignons de pin
20 g de cerneaux de noix
20 g d'ail pressé
1 pincée de piment d'Espelette
les feuilles hachées de 3 branches d'estragon
1 botte de cerfeuil
1 botte de persil plat
sel fin au goût
poivre noir

VOLAILLE ET GARNITURE

1 jeune Butterball turkey congelée (3/4 kg) au supermarché le plus proche. Comptez 16 h de décongélation minimum pour 7 h de vol sur un NY/Paris.
1 kg de patates douces avec la peau, coupées en frites géantes

GRATIN DE PATATES DOUCES

500 g de patates douces
sel, poivre
5 cl de crème liquide
1 pot de Fluff (pâte de Marshmallows)

Préparez la farce. Faites tremper les raisins dans l'eau chaude, égouttez-les. Incisez la peau des chipos et récupérez-en la chair. Écrasez-la à la fourchette et faites revenir dans 15 g de beurre, salez, poivrez. Égouttez la chair à saucisse, récupérez le jus. Coupez les pommes en dés avec la peau, faites les dorer à part dans les 15 g de beurre restant.
Détaillez le foie du turkey en gros morceaux. Poêlez-le avec les oignons, dans le jus des saucisses. Salez et poivrez, déglacez au vinaigre et laissez refroidir. Mélangez tous les ingrédients sans oublier les scones émiettés, les pignons, les noix, l'ail et le piment. Laissez refroidir. Détendez la farce avec les petits suisses et ajoutez les herbes.

Rincez la « Butterball turkey » à l'eau froide. Ne pas utiliser les sauces d'accompagnement vendues avec la volaille. Sur le flanc, vous apercevrez peut-être un piston blanc enfoncé dans les chairs : ne pas y toucher. C'est le témoin de cuisson qui s'éjecte et devient rouge lorsque c'est cuit. FA-BU-LEUX ! Si votre dinde en est dépourvue, il existe des *Pop-up Timer for Turkeys* individuels. En vente dans tous les *Safeways*…

Préchauffez le four à 200° (th 6-7). Remplissez de farce le coffre de la dinde. Avec une aiguille, recousez l'orifice. Enfournez pour près de 4 heures, *Pop-up Timer* pensera pour vous. Au bout de 45 mn de cuisson, baissez le four à 150° (th 5). Arrosez régulièrement, sortez votre poire aspirante à gras pour éliminer l'excédent de graisse, mais sans trop. 2 h 45 plus tard, dispersez les frites géantes de patates douces dans le plat. Lorsque c'est cuit, laissez reposer la dinde à la sortie du four. Pour la suite, faites comme à votre habitude pour le découpage.

Pour Thanksgiving, les ménagères américaines accompagnent la turkey d'un gratin de patates douces au Marshmallows d'après la célébrissime recette de Mamie Eisenhower. Cuisez les patates à la vapeur, pelez-les, mettez-les en purée, salez, poivrez et détendez avec la crème. Versez la purée dans un moule à gratin beurré et recouvrez-la d'1 cm de pâte à Marshmallows. Faites dorer à 180° (th 6) environ 5 mn.

TRUC CUISINE

Essentiellement réservée aux globe-goûteurs, rapportée par n'importe quel moyen des États-Unis, c'est la Butterball turkey : dinde shootée à l'huile végétale, incomparablement tendre et moelleuse.
Pour ceux qui veulent en savoir davantage, le professeur Tom Turkey répondra à vos questions : www.butterball.com.
Cliquez sur préparation ou butterball university ou turkeymail…
La farce bonne à tout faire convient à tout volatile : poulette de grains, oie, dindon, canard, pigeon, faisan, perdrix, pintade, coq, chapon…

croq'alsaco

Blanchissez les lardons et les oignons à l'eau bouillante, égouttez puis épongez sur un papier absorbant. Grillez légèrement les tranches de pain de mie. Salez et poivrez les petits suisses, détendez le fromage blanc avec la crème.

Étalez le fromage sur les tranches de pain de mie à l'aide d'une spatule en fer. Parsemez de lardons et d'oignons, recouvrez-les d'une couche de râpé, passez sous le gril le temps que le gruyère gratine. Mangez-le sans remords : le Croq'Alsaco est diététiquement correct et savoureusement respectable.

PANIER DE LA MÉNAGÈRE POUR 6 DÉRACINÉS

120 g de petits suisses nature Gervais à 20%
100 g de lardons allumettes
100 g d'oignons blancs émincés fins
6 tranches de pains de mie American Sandwich Harry's
1 bonne pincée de sel fin
3 tours de poivre noir
50 g de fromage blanc battu
10 cl de crème liquide
60 g de gruyère râpé

PANIER DE LA MÉNAGÈRE POUR 6

PÂTE

4 petits suisses Gervais à 40 %
250 g de farine tamisée
1 g de sel fin
100 g de beurre

FARCE

2 petits suisses Gervais à 40 %
150 g de raisins de Corinthe
3 c à soupe d'armagnac
150 g de pignons
100 g de mini-lardons découennés
1 pomme Reinette râpée
foies crus des cailles
sel
poivre

6 cailles plumées, vidées
6 piques en bois
20 g de beurre
2 c à soupe d'huile de pépins de raisin
1 petit verre d'armagnac
sel
poivre
3 pommes Reinettes émincées

DORURE

1 jaune d'œuf
1 c à soupe de lait

Préparez la pâte de la tourte. Dans un grand saladier, versez la farine, faites un puits, salez, déposez au centre le beurre détaillé en petites noisettes et les petits suisses. Mélangez à la main 5 à 8 mn ou dans le robot-ménager. Roulez la pâte en boule et gardez-la au frigo enveloppée dans un papier film.

Préparez la farce. Trempez les raisins dans l'armagnac. Faites dorer les pignons dans une poêle chauffée à blanc et réservez-les sur une assiette. Faites revenir les lardons à la suite et épongez-les dans un papier absorbant. Mélangez les petits suisses, les lardons, la moitié des raisins et des pignons, la pomme, les foies crus hachés, salez et poivrez.

Farcissez les cailles et fermez-les avec une pique en bois. Ficelez les pattes et les ailes. Dans une cocotte, chauffez le beurre et l'huile et faites dorer les cailles de tous côtés. Flambez-les à l'armagnac. Assaisonnez-les et laissez-les égoutter sur une grille. Étalez la pâte en 2 disques identiques. Le diamètre du disque doit avoir 2 cm de plus que celui du moule. Garnissez le fond d'une tourtière beurrée avec le grand disque de pâte. Posez les cailles en épi, otez les piques, répartissez les pommes et parsemez le restant de raisins et de pignons.

Préchauffez le four à 210° (th 6-7).

Recouvrez de l'autre disque de pâte. Soudez les bords en passant le rouleau à pâtisserie D 28 de chez Tupperware. Faites une cheminée au centre et dessinez des motifs à la fourchette sur le dessus de la tourte. Diluez le jaune d'œuf dans le lait et badigeonnez la tourte de ce mélange au pinceau.

Enfournez la tourte aux cailles pendant 1 h. Surveillez la cuisson, protégez la tourte avec du papier alu si besoin est. Servez-la chaude avec un chutney à la pomme verte et une salade d'herbes mélangées.

TRUC CUISINE

C'est la tourte aux cailles de Jocelyne Rigot, désormais mienne.

TRUC CUISINE

D'après une recette originale de Pierrïck Guilloux, Breton de Schouweiler au Luxembourg, devenu par goût cuisinier des champs après avoir fait trop sérieusement le chef des villes...

Dans un bol détendez au fouet les petits suisses avec la crème, ajoutez la ciboulette, l'échalote, salez et poivrez ; rangez pour 1 h au frigo dans un bol Tupperware. Alignez côte à côte les tranches de lard, enfournez à 180° (th 6), le temps que la poitrine de porc durcisse suffisamment et prenne une belle couleur dorée. Épongez les tranches grillées sur du papier absorbant. Passez-les dans le bol du robot-ménager, mixez par petites pulsions afin d'obtenir des micros-lardons et non pas des miettes réduites en purée...

Grillez les tranches de pain de campagne d'un seul côté. Tartinez chaque tranche d'une belle épaisseur de 2 cm de petit suisse aux herbes, parsemez sur le dessus les lardons. Je vous recommande d'accompagner ce moment de plaisir avec un vin d'Alsace servi très frais.

PANIER DE LA MÉNAGÈRE ÉTRANGÈRE

6 petits suisses à 40%
1 c à soupe de crème liquide
1 petite botte de ciboulette ciselée finement
10 g d'échalote haché très fin
1 g de sel fin
7 tours de poivre noir du moulin
6 tranches de poitrine de lard découenné (en paquet)
6 tranches de pain de 150 campagne grillé

nom du produit *: Harry's « American Sandwich » est un pain de mie pré-emballé et pré-tranché d'un grand moelleux, rappelant le goût authentique de l'Ouest américain.*

conditionnement *: Sachet transparent aux couleurs du drapeau américain constellé d'étoiles. Le papier est en polypropylène bi-orienté. 14 tranches de pain au froment pré-découpées au format géant de 14 cm sur 14 sont conditionnées à la verticale dans le paquet.*

HARRY'S

THE ORIGINAL BREAD OF ME !

créateur du produit *: Au lendemain de la libération, un certain Paul Picard, fils de boulanger, fait la connaissance d'Américains basés à Châteauroux. Les GI's évoquent avec nostalgie le pain de leur pays aux larges tranches, à la mie souple et molle. Leur enthousiasme incitera Paul Picard à faire un premier voyage aux États-Unis. Quelques années plus tard, il importera en France le savoir-faire des boulangers US. L'*american sandwich *existe tel qu'il est depuis 1988.*

fabricant *: Harry's France S.A. rue du Grand-Pré, 36004 Châteauroux. Harry's est le premier « boulanger » français : environ un million de pains de mie vendus chaque jour, un Français sur deux en consomme.*

ingrédients *: Farine de froment, eau, sucres, matières grasses végétales, sel, lait en poudre écrémé, mono et diglycérides d'acide gras (pour ralentir le durcissement du pain), propionate de calcium (pour freiner le développement des moisissures), farine de soja, esters des mono et diglycérides d'acides gras, acide ascorbique.*

slogans publicitaires *: « Harry's : Une bouchée, un mordu ! », « Harry's American Sandwich : petits creux s'abstenir ! », « Harry's American Sandwich : démesurément bon ! »*

harry's

PANIER DE LA PARISIENNE
POUR 6 ASSOIFFÉS

8 tranches de pain de mie Harry's American Sandwich
1, 5 l d'eau de source
1 sachet Maggi poule vermicelle
160 g de « Parmigiano Reggiano » fraîchement râpé

Éliminez la croûte du pain et coupez la mie grossièrement. Retirez la croûte du parmesan si besoin est et détaillez le fromage en gros morceaux. Dans la cuve du robot-ménager, mixer la mie et le fromage 3 mn. Réservez la chapelure au fromage.

Dans l'auto-mijoteur au couvercle à picots de Monsieur Staub, le célébrissime fondeur alsacien, versez la chapelure de fromage à sec. Mettez l'eau et le bouillon à frémir. Filtrez le bouillon et réservez le vermicelle, c'est plein de vitamines E. Diluez la chapelure avec un peu de bouillon chaud et remuez au fouet. Versez le liquide petit à petit. Lorsque la préparation est homogène, faites frémir à petit feu 4 à 5 mn, le temps que la soupe de pain cuise. Attention, surveillez sans cesse, elle ne doit pas attacher.

Émulsionnez la soupe de pain 2 mn au robot-plongeur et servez en pichet. Ni poivre ni sel ne doivent s'ajouter à la soupe. C'est scandaleusement bon.

Truc cuisine

Mohamed Oubahli chercheur, spécialiste de l'alimentation dans le monde musulman au Moyen Age, explique que le **Taride** *(pain émietté) dont on retrouve des textes dans un ouvrage du Xe siècle serait plus proche d'une panade. Ce couscous de pain peut être servi comme un taboulé avec du concombre, des tomates.... Fatéma Hal, dans son livre, nous dit que si ce couscous du pauvre se perdait à tout jamais, ce ne serait pas une grande perte pour la cuisine marocaine. Ce* **Terda**, *autre appellation, ressemble étrangement à la Panzanella toscane, une panade de pain blanc sans sel, mélangée à de la tomate fraîche et de l'huile d'olive. Les juifs la nomment* **Anfour** *et la roulent dans la farine de pain émietté. Pour ceux qui y perdraient leur latin : Allo Baba Couscous 01.47.39.15.88*

Décalottez le sommet de la boule de pains et évidez toute la mie à l'intérieur, réservez la boule vide pour le service. Écroûtez les tranches de pain de mie. Mixez le tout dans la cuve du robot ménager et tamisez pour unifier la texture.

Préparez le bouillon. Dans le bas du couscoussier, mettez la viande, l'os, les légumes secs, les aromates et les épices. Mouillez d'eau à hauteur et ajoutez l'huile et le concentré de tomates. Portez le bouillon de viande à frémissement. Baissez le feu, laissez mijoter environ 1h30, le temps que l'agneau soit confit.

3 mn avant le service, hachez la coriandre dans le robot ménager et remixez le pain avec les aromates. Ajoutez le sel, le jus de citron et l'huile.

Dans un plat en terre, dressez la viande en pyramide avec les légumes secs, nappez la viande d'un peu de bouillon sirupeux. Réserver au chaud. Au moment du service, cuire le couscous-c'est-moi au pain perdu 2 mn dans le haut du couscoussier. Remplissez la boule vide de semoule brûlante. Recouvrez-la de son couvercle de pain.

Dégustez avec la semoule de pain sans la mouiller comme pour un couscous traditionnel pour en apprécier le grain juste gonflé à la vapeur.

PANIER DE LA MÉNAGÈRE ORIENTALE POUR UN TÊTE-À-TÊTE

SEMOULE DE PAIN

2 tranches de pain American Sandwich
2 boules de pain bio (1kg) rassi
1 botte de coriandre
2 pincées de sel
1/2 citron vert
2 c à soupe d'huile d'olive

VIANDE

600 g d'épaule d'agneau en morceaux
1 os à moelle

LÉGUMES SECS

2 c à soupe de fèves sèches décortiquées
1 c à soupe de lentilles

AROMATES

1/2 botte de persil plat
1/2 botte de coriandre
1 gros oignon
1 tomate pelée
3 gousses d'ail

ÉPICES

1 c à café de finel grec
1 c à café de gingembre en poudre
2 rondelles de gingembre frais
5 pistils de safran
1 c à café de curcuma
1 c à café de paprika
1 pincée de sel fin
3 tours de poivre
1 petit piment oiseau

1 c d'huile d'holive
1 c à soupe de concentré de tomate

sandwich aux fraises nippon-ni-mauvais

PANIER DE LA MÉNAGÈRE QUI-DIT-CE-QU'ELLE-VEUT POUR 6

12 tranches de pain de mie Harry's American Sandwich

LES FRUITS

250 g de fraises
1 mangue mûre
1 kiwi
1 pomme verte
2 c à soupe de jus de citron vert

CRÈME CHANTILLY

Larousse des Desserts page 109
50 cl de crème liquide au frigo, 2 h avant
30 g de sucre semoule

Coupez les fraises sans les laver, la mangue, le kiwi et la pomme en petits cubes et ajoutez le jus de citron. Réservez les fruits au frigo dans un bol Tupperware. Montez la chantilly au batteur et stockez-la immédiatement au frigo ; elle ne résiste que quelques heures.

Pendant ce temps, retirez les bords du pain de mie et divisez chaque tranche en trois.
Incorporez délicatement la macédoine de fruits à la chantilly.

À l'aide d'une spatule souple, tartinez une première tranche de pain d'une couche du mélange chantilly/fruits d'une épaisseur de 2 cm. Renouveller l'opération et terminer par une tranche de pain de mie.

Nappez de chantilly, lissez les bords à la spatule. Ils doivent être nets. Enveloppez dans un film de papier étirable, réservez 1 h au congélateur. Le sandwich doit être très froid. Au moment de déguster, ajoutez quelques gouttes de jus de citron vert sur les tranches du sandwich.

TRUC CUISINE

Ce sandwich n'a pas de secret pour les Japonais. À déguster d'urgence au sous-sol des Takashimaya (grand magasin local)

SKETCHES

On est dans le pétrin ! La baguette n'est plus ce qu'elle était. Pas assez de pointage, plus assez souple, plus assez croustillante... Qu'allons-nous devenir sans elle ? La solution : c'est : " Harry's " ! Au rayon boulangerie préemballée, ne vous privez pas, tâtez votre paquet sur pied à pleines mains pour juger de son moelleux, la grande originalité de l'American Sandwich. Savez-vous pourquoi il est plus moelleux que les autres ? Parce qu'il a su tirer parti d'une protéine, le gluten, contenu dans la farine de blé, qui retient prisonnier les gaz dégagés lors de la fermentation.

Craquant : la baguette, c'est Paris. Le pain de mie ne suscite pas un tel engouement, mais soyez bonne pâte, il est souvent utilisé comme bouée de sauvetage, lorsqu'on est mort de pain et que l'estomac cri farine... Entre nous, qui n'en a pas déjà tâté ?

C'est dans les années 30, à Cadaquès, que Salvador Dali, peintre surréaliste, excentrique génial, nous révèle sa théorie du pain : « [...] Je découvrais l'énigme du pain qui peut se tenir debout sans être mangé ! Cette chose si foncièrement utile, symbole de la nutrition et de la subsistance sacrée, j'allais la rendre inutile et esthétique. » Découverte essentielle pour appliquer sa méthode paranoïaque-critique, on la retrouve à travers l'ensemble de son œuvre : *Pain antropomorphe dit Pain catalan*, 1932, ou *Deux morceaux de pain exprimant le sentiment de l'amour*, 1940.

En 1968, Loinel Poîlane rencontre celui qui se proclamait « le plus grand peintre vivant » et réalise pour lui tout un ameublement en pain dans le style hollandais, composé d'une chambre à coucher avec un lit, un buffet, un lustre du XVIIIe électrifié, un tabouret et un tapis...

Panier de la ménagère pour 2 amoureux

2 tranches de pain rassi Harry's American Sandwich
1 l de coques
10 cl d'eau de source
15 g de beurre demi-sel
200 g de cabillaud en 2 portions
2 c à soupe d'huile

Lait de poule

20 cl de crème épaisse
1 œuf entier
fleur de sel
poivre blanc du moulin

Salade d'herbes

1 botte de cerfeuil
1 botte de basilic,
1 botte de persil plat
1 botte de ciboulette
1 c à soupe de vinaigre
3 c à soupe d'huile d'olive
sel
poivre

Préparez le lait de poule. Fouettez ensemble la crème et l'œuf, aromatisez le mélange avec l'eau des coques, salez très légèrement et poivrez à peine. Trempez le pain de mie rassi dans le lait de poule le temps qu'il s'imbibe et réservez.

Lavez les coques à grande eau, plusieurs fois, pour évacuer toutes les impuretés. Portez l'eau de source à ébullition, jetez les coquillages quelques secondes dedans, posez un couvercle sur la casserole pour les faire ouvrir rapidement. Filtrez le jus de végétation sur une étamine, réservez les coques à température ambiante.
Dans le beurre moussant, poêlez le cabillaud à la Téfal, à feu très vif. Réservez le poisson au chaud. Dans le jus de cuisson du poisson, poêlez le pain perdu sur ces deux faces.

Disposez le pain perdu du pêcheur dans un plat à gratin huilé et posez le cabillaud. Passez au four 3 mn à 200° (th 7).

Préparez la salade d'herbes, ajoutez les coques décoquillés et mélangez intimement. Dressez le pain perdu sur les assiettes, recouvrez d'une pyramide de salade. C'est un plat plein de vie et de fraîcheur, excellent pour les amoureux…

Truc cuisine

Le pain perdu de Jacques Thorel, mais pas pour tout le monde…

La veille, disposez dans une terrine les fruits rouges. Saupoudrez-les de sucre semoule et recouvrez-les du coulis de fruits. Parfumez si vous le désirez de kirsch. Mélangez le tout jusqu'à ce que le sucre soit dissous. Couvrez et laissez macérer une nuit au réfrigérateur.

Ôtez les bordures des tranches de pain de mie. Tapissez-en le fond et les bords d'un saladier rond et lisse d'une contenance de 1 à 1,5 l. Commencez par couper 2 tranches de pain en forme d'octogone, une pour le fond, puis faites chevaucher 8 tranches de pain sur les bords afin que le moule soit complètement recouvert de pain de mie. En dernier, renforcez le fond par la seconde tranche de pain octogonale.

Garnissez le moule avec les fruits rouges. Couvrez d'une couche de pain, posez dessus une assiette au diamètre du récipient. Appuyez suffisament avec la paume de la main pour détremper le pain du jus des fruits. Posez un poids de 500 g sur l'assiette. Mettez le saladier une nuit au frigo.

Le lendemain, avant de démouler, vérifiez que le pain est parfaitement imbibé de jus. Dressez le summer pudding au centre d'un plat de service creux. Réservez-le au frigo. Au moment de le servir, arrosez-le de son jus qui a suinté. Montez la crème liquide en chantilly, sucrez au sucre glace. Servez très frais dans des coupelles individuelles.

PANIER DE LA MÉNAGÈRE POUR 8

1 paquet de pain de mie blanc Harry's American Sandwich
750 g de cocktail de fruits rouges (framboises, groseilles, myrtilles, mûres, cassis, (chez Picard)
100 g de sucre semoule
200 g de coulis aux 3 fruits rouges (Picard)
2 c à soupe de kirsch (facultatif mais c'est meilleur)

CHANTILLY

50 cl de crème liquide
3 c à soupe de sucre glace

HÉNAFF

LE PÂTÉ DU MATAF

nom du produit : *pâté de porc Hénaff. Autre appellation : pâté du mataf (dixit le CNAC, Conseil national des arts culinaires).*

conditionnement : *boîte bleue en fer blanc, 5 formats de boîtes sont commercialisées 78 g, 156 g, 260 g, 390 g et 1000 g (les boîtes de 1 kg sont en vente uniquement dans la zone de proximité de Pouldreuzic).*

créateur : *Jean Hénaff, agriculteur reconverti en chef d'entreprise, devenu notable politique, est le fondateur de l'entreprise Hénaff du bourg de Pouldreuzic au pays Bigouden dans le Finistère. (C'est également la patrie du* Cheval d'Orgueil.*)*

L'entreprise est ouverte au public du 15 juin au 15 septembre uniquement sur rendez-vous. Les visiteurs peuvent faire leur marché et repartir avec les produits maison…

anecdote : *Raymond Loewy est le fondateur de la Compagnie de l'esthétique industrielle. Le frenchie US redessine la laideur qui se vend mal. C'est l'homme des plus prestigieux logos en alimentaire. Quelques labels : Lu, Buitoni, Belin, Campbell'Soups, Heinz, Fanta, Knorr, Lesieur-Cotelle, Maille, Liebig, Lustucru, Nestlé, Viandox, Nova, Poulain… En 1966, il modernise la boîte Hénaff.*

date d'origine : *1907, construction à deux pas du clocher du village de Pouldreuzic d'une conserverie de petits pois et de haricots verts. 1914, Jean Hénaff élabore la recette du « pâté » indémodable dont la particularité est de réduire le porc entier en chair à pâté à partir de cochons provenant d'élevages situés à proximité de Pouldreuzic. Les fameuses boîtes bleues « garanti pur porc » ont été facturées dès 1915.*

ingrédients : *porc (96%), fumet, sel, épices, conservateurs : sel nitrité plus un truc magique resté secret et faisant partie du patrimoine familial.*

slogans publicitaires : *la phrase vocation de l'entreprise familiale : « Hénaff, le goût de la qualité », « Un goût nature », « Un goût assuré », « Un goût affûté », « Le goût de l'amitié », « Le goût de l'effort », « Sauvé par le pâté Hénaff »…*

OPINEL
FRANCE
Pâté de porc Hénaff
GARANTI PUR PORC

PANIER DE LA MÉNAGÈRE POUR 6 FRIANDS

1 boîte de pâté Hénaff de 260 g
12 feuilletés gourmands CroustiPâte pur beurre

DORURE

1 jaune d'œuf
1 c à soupe d'eau

Détachez 6 feuilletés gourmands prédécoupés. Coupez le pâté en 6. Posez au centre de la pâte une portion de pâté Hénaff. Suivez les instructions du mode d'emploi pour façonner le friand. Soudez la pâte feuilletée, puis badigeonnez le friand de jaune d'œuf détendu avec un peu d'eau.

Confectionnez les 5 friands restants de la même manière. Enfournez à 200° (th 6-7) pendant 15 mn. Mangez-les accompagnés de salades de roquette ou de ficoïde glaciale que l'on achète en plein mois d'août.

Truc cuisine

Originaire du Tarn, Juliette et ses tomates farcies ont de la réputation. Une recette extra qui lui venait de sa mère qui la tenait de sa voisine. Son truc : les tomates farcies cuisent cul en l'air dans la poêle et sont remises d'aplomb en cours de cuisson.

Préparez le coulis. Lavez les tomates, coupez-les au 3/4, conservez les chapeaux avec les pédoncules. À l'aide d'une cuillère à café, creusez l'intérieur de la pulpe. Récupérez la chair et le jus et salez le fond des tomates pour les éxuder ; ajoutez 1 verre d'eau, le sel et l'huile d'olive et réservez les tomates à farcir ; portez le tout à ébullition dans une casserole pendant 5 mn. Passez au moulin à légume et réservez le coulis. Enfournez les chapeaux 1 h dans un plat huilé à 160° (th 5-6), réservez pour la décoration.

Préparez la farce. Incisez le boyau des saucisses, ne récupérez que la chair. Mettez les viandes dans la cuve du robot-ménager avec tous les ingrédients. Pulsez à petite vitesse histoire de mélanger. Puis, condimentez comme il est indiqué dans la recette.
Goûtez la farce cuite : façonnez un mini-steack, cuisez-le à la poêle Téfal, très chaude, vous jugerez mieux l'assaisonnement.

À l'aide d'une fourchette, remplissez les tomates avec la farce jusqu'à épuisement. Rangez-les dans les 2 poêles côte à côte à l'envers (côté farce). Versez 5 cl d'huile dans chacune des Téfal. Cuisez à feu moyen 30 mn, retournez délicatement chaque tomate, poursuivez la cuisson à feu doux sur une plaque isolante et ajoutez un peu de coulis. Au bout d'1 h, remettez délicatement les tomates à l'endroit dans une seule poêle.Versez du coulis jusqu'à épuisement. Le jus brunit, c'est normal. Au bout de 2 h, stoppez la cuisson.

Dressez les tomates dans un plat à gratin, filtrez le jus dans une passoire, remettez les chapeaux confits sur les tomates farçies. L'idéal est de réchauffer les tomates 4 mn au micro-ondes. Autrement, remettez au four à 180° (th 6) un petit quart d'heure. Servez dans des assiettes creuses, nappez de jus brûlant.

Panier de la ménagère bretonnante pour 3 ou 4 accros

environ 14 tomates à chair ferme de 90 g chacune
2 poêles Téfal de 26 et 20 cm de Ø
10 cl d'huile d'olive

Coulis

0,5 l de pulpe mixée avec les intérieurs des tomates
2 c à soupe d'huile d'olive
1 pincée de sel fin

Farce

1 boîte d'Hénaff de 360 g
300 g de chipolata
1 tranche de 80 g de jambon de Paris avec le gras mais sans la couenne
120 g pain de mie Harry's American Sandwich mixé et séché au four
50 g d'ail haché
80 g d'oignons blancs
2 c à café de poivre gris moulu
1 c à café de sel fin
1 c à café de Tabasco (facultatif)
1 botte de persil plat haché
4 feuilles de menthe hachée

brioches du boulanger au pâté

PANIER DE LA MÉNAGÈRE
POUR 6 INVITÉS DE MARQUE

1 boîte de pâté de porc Hénaff de 390 g
6 petites brioches à tête pur beurre de chez le pâtissier
300 g de mesclun ou de salade de pourpier épais

Décalottez les chapeaux des petites brioches aux 2/3. Coupez le pâté en 6 morceaux égaux. À l'aide d'une cuillère à café, creusez une cavité sans trouez la brioche et déposez dans chacune d'elles une portion de pâté Hénaff. Remettez les chapeaux des brioches.

Posez les brioches sur la grille du four, cuisez-les 5 mn à 180° (th 6). Servez-les chaudes, en entrée avec un mesclun bien relevé. C'est presque du foie gras.

paillasson de patates au pâté hénaff

Pelez les pommes de terre, râpez-les dans le robot-ménager, pressez-les immédiatement dans un linge pour extraire le maximum d'amidon. Dans le saladier, mettez l'ail, l'oignon, le persil, la farine, les œufs, l'eau, l'huile, les pommes de terre râpées, salez et poivrez, mélangez intimement.

Ouvrez la boîte de pâté, gardez le gras et la gelée pour la cuisson. Dans une poêle Téfal de 24 cm de diamètre, faites fondre, à feu moyen, un peu de graisse du pâté. Versez une moitié de râpé de patate dans la poêle, aplatissez la galette comme une crêpe, salez léger. Lorsque le premier côté est doré, retournez-le sur l'autre face. Surveillez la cuisson, la galette ne doit pas brûler mais joliment dorer. Cuisez la deuxième galette à l'identique.

Étalez le restant de graisse et de gelée dans une tourtière de 24 cm de diamètre. Dans le fond du plat, disposez une galette de patate, côté doré à l'extérieur, posez les fines tranches de pâté en rosace et recouvrez de la seconde galette. Passez au four à 180° (th 6) pendant 7 mn. Glissez sur un plat de service.
N'en mangez pas trop : Hénaff is *Hénaff*.

PANIER DE LA MÉNAGÈRE POUR 4 HÉNAFFIENS

1 boîte de pâté Hénaff (156 g) dont 15 g de graisse et gelée du pâté

GALETTE DE PATATES

400 g de pommes de terre râpées (Charlotte de Bretagne, Bintje...)
1 petite gousse d'ail pressée
40 g de petits oignons fanes émincés finement
2 c à soupe de persil haché
1 c à soupe de farine de sarrasin
2 œufs
1 c à soupe d'eau
1 c à soupe d'huile d'arachide
1 pincée de sel fin
1/2 c à café de poivre gris moulu

Ohé matelot ! Dans cette petite boîte bleue, il y a tout le patrimoine de la Bretagne. Aucun marin, digne de cette qualité, n'ignore l'existence de ce valeureux compagnon surnommé « pâté du mataf ». Il est, avec l'irremplaçable Opinel, toujours présent à portée de main du matelot.

Comment le mange-t-on, me direz vous ? À la mode de Bretagne, pardiou. Dressez la table recouverte d'une étoffe qui ne serait ni du lin ni de la métisse fleur bleue mais une belle « longotte » (coton lourd et épais). Posez la boîte de pâté Hénaff de 1000 g, ça en impose ; pour mieux l'apprécier, coupez quelques tranches épaisses dans un beau pain de ménage (solide miche de quatre livres). N'oubliez pas le beurre sculpté, l'âme de la cuisine bretonne, celui que les Bretons déposent au pied de la statue des saints.

Ce pâté a pris valeur d'icône, de véritable objet de culte, et dans le cœur et l'estomac du marin, le pâté Henaff sera toujours la madeleine de Proust. Brassens était un accroc des pâtés Hénaff. Simone, sa sœur, les faisait venir jusqu'à Sète ; l'écrivain Henri Queffelec, dans ses *Enfants de la mer*, nous refait « le coup de la madeleine » avec le pâté Henaff. C'est pas des preuves !?

Décidément, Jean-Marie Amat (le cuisinier hors normes du Saint-James) nous surprendra tous. Lui aussi y va de son refrain « *Hey, passa lou patet* » [Eh ! passe le pâté]. Avec sa bande de fines gueules, il vient de créer une association dont le but est de promouvoir les pâtés.
Le premier concours de pâté s'est déroulé un 1er avril et ce n'était pas un poisson . « *Hey, passa lou patet* » envisage de faire concourir les professionnels face aux amateurs, alors « avis à la population » aurait claironné Jacques Tati, un jour de fête.

petite potée hénaff

Faites tremper les lentilles pendant 1 h à l'eau bouillante et laissez refroidir.

Dans la cocotte-minute SEB, mettez : oignons, ail, carotte, bouquet garni, queues de porc entières, salez, poivrez et versez le bouillon. Laissez cuire 50 mn à partir du moment où vous entendez la soupape chanter : Schuuu, Schuuu, Schuuu !

Rincez les lentilles et blanchissez-les, avec les feuilles de chou, 5 mn à l'eau bouillante, sans sel. Égouttez dans une passoire.

Laissez échapper la pression de la cocotte-minute, ouvrez-la, ajoutez les lentilles, réservez le chou pour tapisser le fond du plat de service. Refermez la cocotte-minute, comptez 7 mn à partir du Schuuu, Schuuu, Schuuu !

Pendant ce temps, coupez le pâté Hénaff en morceaux, préparez la vinaigrette. Égouttez les lentilles, retirez le bouquet garni, les oignons, l'ail et la carotte. Posez les feuilles de chou blanchi dans le plat de service, versez les lentilles et disposez les morceaux de pâté et les queues de porc. Aspergez la petite potée de vinaigrette, déguste-la encore tiède.

PANIER DE LA MÉNAGÈRE POUR 4

1 boîte de pâté Hénaff de 156 g
200 g de lentilles vertes du Puy
2 oignons piqués chacun d'un clou de girofle
1 gousse d'ail
1 carotte
1 bouquet garni
2 queues de porc
3 pincées de sel
2 tours de poivre noir
1 Kub Maggi dissous dans 50 cl d'eau
3 feuilles de chou

VINAIGRETTE

sel
poivre
vinaigre de vin vieux
huile d'arachide
1 c à soupe de moutarde
1 échalote émincée finement
1/2 botte de ciboulette ciselée

nom du produit : *Tomato Ketchup Heinz. Baptisé à l'époque par son fondateur « Tomato Catsup ». de nos jours, plus communément appelé « Tomato Ketchup ».*

conditionnement : *Flacon de verre de 300 ml recouvert d'un capuchon blanc. On les trouve en format de 500 et de 875 ml. Existe aussi en conditionnement souple.*

date d'origine : *En 1875, création du « Tomato Castup » à Pittsburgh Pennsylvanie, États-Unis Le Tomato Ketchup Heinz débarque en France le jour du D Day (6 juin 1944) avec les troupes alliées en Normandie. En 1978, Heinz ouvre sa première filiale en France.*

ingrédients : *Purée de tomates mi-réduite, vinaigre, sucre, sirop de glucose, sel, plantes aromatiques, épices. Le ketchup Heinz n'est pas un produit chimique, il ne contient ni colorant, ni conservateur, ni épaississant. C'est un produit alimentaire authentique 100 % naturel.*

LE TOMATO KETCHUP HEINZ
UN VÉRITABLE LÉGUME !

fabricant : *1869, Henry J. Heinz est le premier conserveur à fabriquer et à distribuer du raifort dans une bouteille transparente et dans la foulée il fait aussi des cornichons, de la choucroute, du vinaigre... Henry comprend l'importance du verre, l'embouteillage permet aux consommateurs de visualiser le contenu. Malgré leur énorme succès, Heinz et son associé L.C. Lenoble ne résistèrent pas à la crise économique de l'époque. Aidé de son frère John et de son cousin Frédérick, ils recapitalisent l'entreprise, car c'est à ce moment qu'ils inventèrent le Tomato Ketchup pour le plus grand bonheur de chacun.*

Slogans publicitaires : *« Tous les bienfaits de la tomate dans une bouteille », « Le monde est notre marché », « Tomato Ketchup Heinz, à toutes les sauces », le « Tomato Ketchup Heinz, véritable fruit de la tomate », « Ketchup Heinz, le vrai goût de l'Amérique ».*

Heinz

variation sur le catsup maison

PANIER DE LA MÉNAGÈRE POUR SON CELLIER

1 bouteille de 342 g de Tomato Ketchup Heinz
1/2 l d'huile de pépins de raisin
500 g d'oignons jaunes émincés gros
3 c à soupe de concentré de tomate
1/4 de bouteille de Tabasco
1 c à soupe de sucre semoule
2 g de sel fin

CONCASSÉE

3 tomates moyennes coupées en dés
5 tours de poivre
15 feuilles de basilic

1 g de poudre de piment d'Espelette
500 g de spaghetti
1 poignée de gros sel de mer pour l'eau de cuisson des pâtes

Dans une grande casserole, faites frire dans l'huile à feu très vif les oignons. Remuez à la cuillère en bois. Quand les oignons sont légèrement tombés, ajoutez dans l'ordre : le concentré de tomate, le Tabasco, le ketchup, le sucre, le sel. Au bout de 5 mn de cuisson, ajoutez à la préparation la concassée de tomates fraîches sans la cuire.

Égouttez les oignons tomato tomato dans une passoire pour ôtez l'excédent de gras. Réservez 5 cuillères à soupe d'huile de cuisson pour regraisser les pâtes. Déchirez grossièrement à la main les feuilles de basilic frais, incorporez-les aux oignons tomato tomato et ajoutez le piment. Réservez dans un grand saladier.

Dans l'eau salée, cuisez les spaghetti *al dente*, environ 6 à 7 mn selon les pâtes, égouttez-les et incorporez-les à tomato tomato. Enroulez les spaghetti autour d'une longue fourchette de cuisine à deux dents. Disposez-les au milieu de chaque assiette creuse et chaude, répartissez le restant de tomato tomato dans chaque assiette, c'est le meilleur. Ajoutez l'huile de cuisson pimentée réservée pour graisser les spaghetti.

Conseil de la cuisinière : l'huile de pépins de raisins permet de frire à haute température.

TRUC CUISINE

Depuis des siècles, et des siècles en Chine, on cuisine une sauce aigre-douce nommée kôet-chiap ; en Malaisie, on l'appelle kêchep ou ketchap et dans l'est de l'Inde, Kitjap. Quand on pense que George Sand régalait ses nombreux amis (Litz, Chopin, Musset...) à Nohan avec son fameux catsup maison ! Même Alexandre Dumas dans son dictionnaire en parle. C'est rassurant pour en manger à toutes les sauces...

ailerons de poulet à la cochonne

d'Elisabeth Bourgeois

La veille. Demandez à votre volailler de couper les ailerons en 2. Réservez alors les manchons et les pilons. Dans un saladier, mélangez tous les ingrédients de la marinade. Faites macérer manchons et pilons pendant toute une nuit au frais.

Le lendemain. Préchauffez le four à 210° (th 7). Égouttez les manchons et les pilons. Dressez-les sur la plaque du four huilé. Enfournez dans le four chaud pendant 20 mn.

Pendant ce temps, préparez la laque. Dans un bol, mélangez le vin blanc et le vinaigre. Ajoutez tous les ingrédients de la laque.

À la fin de la cuisson, sortez la viande du four. Trempez les manchons et les pilons dans la laque. Disposez-les à nouveau sur la plaque du four et nappez-les généreusement de laque, enfournez-les 10 mn. Ils doivent caraméliser.

Conseil d'Elisabeth : Dégustez les ailerons à la cochonne avec les doigts et n'oubliez pas de les lécher, c'en est que meilleur...

Truc Cuisine

La sensuelle Elisabeth Bourgeois, cuisinière provençale du **Mas Tourteron,** *dévoile une recette truculente et espiègle pour* **Délices d'initiés**

PANIER DE LA MÉNAGÈRE POUR 4 ESPIÈGLES

24 ailes de poulet entières

LA MARINADE

50 cl d'huile de tournesol
8 gousses d'ail haché
1 bulbe de gingembre frais râpé
2 c à soupe de gingembre en poudre
1 gros bouquet de coriandre fraîche hachée
5 cl de sauce soja
2 piments oiseau écrasés
2 oignons blancs hachés

LA LAQUE

25 cl de ketchup Heinz
12,5 cl de vin blanc
1 c à café de vinaigre de cidre
2 gousses d'ail hachées
1 petit bulbe de gingembre frais haché
4 c à soupe de miel d'acacia
1 piment oiseau écrasé

Panier de la ménagère pour 8

10 cl de ketchup Heinz
5 g de beurre
200 g de farine tamisée et 2 c à soupe pour les fruits
1 sachet de levure chimique
1 c à café rase de bicarbonate de sodium
200 g de sucre semoule
1 c à café rase de poivre de Jamaïque moulu
1 c à café de cannelle
3 clous de girofle concassés
1 pincée de sel
1 pack de Tomato Max Heinz
2 œufs entiers
150 g de mayonnaise Lesieur
60 g de raisins de Corinthe
60 g de cerneaux de noix ou d'amandes grossièrement hachés
60 g d'abricots moelleux

Préchauffez votre four à 180° (th 6). Beurrez un moule à manqué de 22 cm de diamètre, tapissez le fond et les parois du moule de papier sulfurisé.

Dans un saladier, mélangez la farine avec la levure, le bicarbonate de soude, le sucre et les épices. Salez. A l'aide d'un fouet, incorporez Tomato Max et le ketchup et les œufs. Travaillez la préparation jusqu'à obtention d'une pâte homogène.

Faites gonfler les raisins dans l'eau chaude et égoutter-les. Coupez les abricots en petits dés. Farinez alors les fruits.

Ajoutez alors la mayonnaise ; incorporez les cerneaux de noix et les fruits farinés. Remplissez le moule à manqué beurré de la préparation et enfournez pendant 50 mn.

Laissez refroidir le pain d'épices au ketchup avant de le démouler. C'est magnifique en tranches grillées, beurrées et inondées de confiture de tomate verte.

Qu'on se le dise : le Ketchup n'est pas un produit chimique. Le « K » est un condiment naturellement léger. Lisez ces chiffres évocateurs. 100 g de K = 100 kcal, ce n'est rien au compteur de la surcharge pondérale. En comparaison, pour la même quantité d'huile, comptez 900 kcal, pour le beurre, 752 kcal, pour du parmesan, 381 kcal, ça pèse lourd sur la balance.

À propos, une petite précison aux néophites que nous sommes : à l'origine, il n'y avait pas de tomate dans le « Catsup ». Il y avait de tout sauf des *Lycopersicon esculentum* (tomate). La recette publiée en 1780 par Alex Hogg est formelle. Il relate une recette de *The Farmer's Wife or Country Housewife*. Même le marquis Domenco Caracciolo (1715-1789) assène : « En Angleterre, il existe soixante religions différentes mais seulement une sauce… le K. »

Extrait de *The Man who ate everything* (*L'Homme qui mangeait de tout*) de Jeffrey Steingarten publié chez Knopf. Je prétends que cet homme-là est le digne héritier de Lucien Tendret et de Brillat-Savarin qui, comme lui, étaient avocats et grands gastronomes.

Jeffrey raconte avec humour comment résoudre, une fois pour toutes, le problème de la viscosité du K. Ce n'est que lorsqu'il envoya un jet de K sur la nappe préférée de sa femme qu'il téléphona *manu militari* au professeur Malcolm Bourne, pour une leçon sur les fluides non-newtoniens. Monsieur Newton décrivit les lois qui gouvernent les fluides qui s'écoulent comme l'eau : plus la pression exercée dessus est forte, plus leur écoulement est rapide… Mais le K est différent.
Composé de fibres de tomates en suspension dans un sérum sucré et acide, le K se comporte comme un solide au repos, comme soumis à de faibles pressions. En revanche, lorsqu'on augmente la pression au-dessus d'un certain seuil, il commence à s'écouler comme un fluide ordinaire. C'est pourquoi l'amateur de K frustré qui perd patience à force de gentils coups au dos de la bouteille, et passe sans transition à un coup brutal fini par un jet de K qui inonde tout. C'est aussi le cas de la mayonnaise. Il est conseillé d'achetez le flacon souple pour éviter ces petits désagréments.
Le professeur Bourne fait une suggestion : enlever le capuchon et pousser le quart supérieur de la bouteille dans le reste, mélanger le tout avec la pointe d'un couteau. Alors, après avoir remis le bouchon, agiter violemment la bouteille, comme un shaker de cocktail. Ceci devrait avoir pour effet d'accroître l'enchevêtrement entre les fibres de tomate et de les aligner dans la direction du flux recherché. Finalement, enlever le bouchon, et retourner la bouteille sur les frites ou le hamburger. Tapoter doucement sur le fond de la bouteille, en augmentant très progressivement la force, jusqu'à ce que le K commence à s'écouler à la vitesse désirée. Si ça ne marche pas, sortez et allez vous acheter une bouteille en plastique de chez HEINZ, introduite en 1983 et recyclabe depuis 1991.

LAIT CONCENTRÉ SUCRÉ

nom du produit *: Lait Concentré Sucré, communément appelé LCS par les adeptes. Il vous soutient pendant l'effort et vous apporte tous les bienfaits du lait. Nestlé, veut dire « petit nid » en allemand.*

conditionnement *: 330 g de concentré d'énergie dans un tube en aluminium, emballé dans un étui en carton reprenant le bleu et le blanc Nestlé et le visuel du tube.*

Retournez le bouchon et enfoncez-le pour perforer l'opercule. Le contenu d'un tube emtamé et refermé se conserve 3 semaines au frigo. Le LCS est également commercialisé en boîte de 397 g et d'1 kg.

LE TUBE NESTLÉ
IL VOUS REGONFLE

En 1995, Nestlé lance sur le marché le maxi-berlingot, en 50 g, pour les ados et les sportifs, il fournit autant de lait et de calcium qu'un verre de lait. Pour nous, mesdames, à glisser en douce dans son sac, le mini-berlingot, qui vous offre 35 g de plaisir à portée de main.

créateur *: date de lancement du tube : 1953. En 1867, Henri Nestlé, négoçiant-chercheur à Vovey, sauve la vie des nourrissons en inventant la fameuse farine lactée Nestlé.*

fabricant *: Nestlé, usine de Bové (02).*

ingrédients *: lait entier (concentré), sucre, matière grasse, 9%, extrait sec lactique dégraissé 22%.*

slogans publicitaires *: « Le concentré d'énergie. »*

brigaderos à la confiture de lait

PANIER DE LA MÉNAGÈRE POUR 24 BRIGADEROS

1 boîte de LCS Nestlé (397 g)
75 cl d'eau
200 g d'amandes entières mondées
3 c de cacao non sucré Van Houten
quelques cristaux de fleur de sel
20 g de beurre

Posez la boîte de LCS dans le panier vapeur de la cocotte-minute SEB. Ajoutez l'eau dans l'auto-cuiseur. Verrouillez la soupape de sécurité et mettez la cocotte sous pression. Dès les Schuuu Schuuu baissez le feu. À partir de cette mélodie, comptez 25 mn de cuisson. Attendez le complet refroidissement de la boîte avant de l'ouvrir, c'est indispensable, question de sécurité.
Pendant ce temps, faites griller au four, à 180° (th 6), sans les brûler, les amandes entières. Enfermez-les dans un linge propre puis concassez-les grossièrement à l'aide d'un marteau.

Dans un saladier, videz la confiture de lait refroidie, incorporez le cacao, quelques cristaux de fleur de sel et le beurre, mélangez intimement tous les éléments.

À l'aide d'une cuillère à café, prenez une quantité suffisante de confiture de lait au cacao. Bien se graisser les doigts avec un peu d'huile d'arachide, façonnez une boulette dans le creux de la main et roulez-la dans les amandes concassées. Rangez dans des caissettes en papier, gardez au frigo le temps de raffermir la texture.

TRUC PÂTISSERIE

***C'est un caramel* made in Brésil.**

esquimaux au LCS

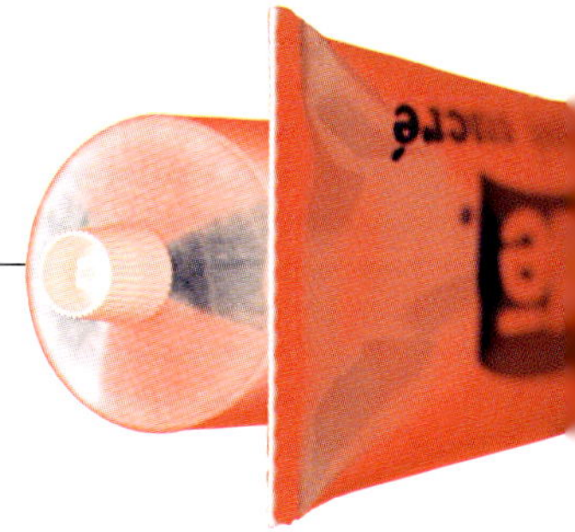

Mettez la boîte de LCS dans le panier de la cocotte-minute SEB, remplissez d'eau au quart de la hauteur de la boîte. Verrouillez l'auto-cuiseur. Comptez 20 mn de cuisson à partir du moment de la mise sous pression. Laissez refroidir complètement avant d'ouvrir la boîte de lait, c'est très important. Extraire la confiture de lait et réservez 200 g à température ambiante.

Ouvrez les gousses de vanille en deux, grattez les graines. Mettez-les avec les gousses dans une casserole avec le lait et la crème. Portez à ébullition puis laissez infuser 10 mn. Filtrez. Dans un grand bol, fouettez les jaunes avec le sucre pendant 3 mn puis versez le lait vanillé progressivement en remuant. Remettez le tout dans la casserole et faites cuire à la spatule sans cesser de la tourner jusqu'à 83°C. La crème anglaise ne doit pas bouillir et doit napper la cuillère en bois.

Hors du feu, pendant 3 mn, remuez la crème très lentement jusqu'à ce qu'elle soit onctueuse. Filtrez-la à l'aide d'une passoire fine posée au-dessus d'un grand bol. Diluez la confiture de lait dans la crème anglaise encore chaude. Puis refroidissez le mélange dans un bain-marie d'eau glacée en remuant de temps en temps. Lorsque la préparation est froide, réservez 24 h au frigo.

Le lendemain, homogénéisez au fouet la crème anglaise au LCS, turbinez en sorbetière par demi-litre. Lorsque la glace est foisonnée, remplissez les moules (sucettes Tupperware), fermez et stockez au congélo le temps du durcissement. Démoulez et léchez votre esquimau glacé avec nonchalance en regardant *Amour, gloire et beauté* ; avec le deuxième, enchaînez avec *Amoureusement vôtre*..

PANIER DE LA GLACIÈRE
POUR 6

1 boîte de LCS. Nestlé de 397 g
kit de 6 sucettes à glacer Tupperware (disponible en saison)

CRÈME ANGLAISE À LA VANILLE

2 gousses de vanille
15 cl de lait frais entier
20 cl de crème liquide
4 jaunes d'œufs
85 g de sucre semoule

perles des neiges, sauce à la noix de coco

PANIER DE LA PÂTISSIÈRE POUR 6 GOURMANDS

PERLES DES NEIGES

1 tube de LCS Nestlé
125 g de noix de coco râpée

SAUCE À LA NOIX DE COCO

25 cl de lait entier
12 g de sucre semoule
1 g de sel fin
le zeste d'une orange
35 g de perles du Japon
25 cl de lait de coco en boîte (épiceries asiatiques)
10 cl de crème liquide

CROQUETTES DE BOUNTY

3 barres de Bounty coupées en 18 portions
1 jaune d'œuf battu
100 g de chapelure
1 friteuse

La veille, préparez les perles des neiges. Mélangez 3 cuillères à soupe de LCS à 100 g de noix de coco râpée. Laissez reposer au frigo 30 mn afin que la pâte durcisse. Modelez dans la paume des mains graissées à cet effet des perles de 9 g puis roulez les 18 perles des neiges dans le restant de coco râpé. Conservez au frigo jusqu'au lendemain dans un Tupperware.

Préparez la sauce à la noix de coco. Dans une casserole portez le lait à ébullition avec : le sucre, le sel, le zeste d'orange et les perles du Japon (tapioca). Cuisez le mélange 20 mn sur un diffuseur à feu doux pour minimiser l'intensité du feu. Dans une seconde casserole, portez la crème à frémissement pour éliminer les bactéries.
Stoppez la cuisson du lait, ajoutez le lait de coco préalablement mixé et la crème. Mélangez au fouet et laissez refroidir. Réservez une nuit au frigo dans un Tupperware.

Confectionnez les croquettes de Bounty. Trempez successivement chaque morceau de Bounty dans le jaune d'œuf, puis dans la chapelure, renouvelez l'opération. Réservez les croquettes une nuit au congélo.
Le lendemain, frire les croquettes à 180°C. Égouttez-les et épongez-les sur du papier absorbant.

Remuez la sauce à la noix de coco. Dans une assiette creuse, dressez équitablement la soupe froide. Immergez les croquettes « chaud-froides » et les perles des neiges. Dégustez comme une soupe à la cuillère.

Truc pâtisserie

Meilleur ouvrier de France (MOF), Jean-Paul Hévin est aussi maître chocolatier-confiseur à Paris. Premier prix international de la chocolaterie, un des meilleurs spécialistes français, réputé pour la qualité de ses chocolats et son « plaisir caché ».

Aligner sur le plan de travail 6 verres à cocktail à pied de forme conique, préalablement givrés dans le compartiment du congélo. Prenez le pot de crème épaisse, remuez la crème à la fourchette pour en assouplir la texture, remplissez chaque verre au quart.

Prenez le tube de crème de marrons, appuyez et recouvrez de crème pour un autre quart. Dévissez le tube de LCS, déversez-le pour un quart en vague sur la crème de marron. Enfin dévérouillez l'anneau de la crème dessert Mont-blanc au chocolat, nappez le dernier quart de chocolat. Tassez les couches en tapotant sans précipitation. Plantez droit comme un i un Pain d'Amandes de chez Albert Ménès . Albert est toujours à la quête de l'authentique. Pour dégustez « Plaisir Caché », il faut de la tenue et beaucoup d'élégance. Transpercez les couches successives de la matière brute à l'aide d'une longue cuillère à confiture.
Alors ?

Panier du chocolatier pour 6 gourmands

1 tube de 330 g de LCS Nestlé
50 cl de crème épaisse
220 g de crème de marron de l'Ardèche Clément Faugier
1 boîte de crème Mont-Blanc Nestlé chocolat
1 paquet de biscuits Spéculos

C'EST TOUTE UNE HISTOIRE

nom du produit : *Camembert Lepetit, la référence des camemberts de Normandie.*

conditionnement : *boîte en bois de peuplier qui offre, en combinaison avec le papier d'emballage, le meilleur conditionnement jamais élaboré pour permettre un affinage régulier et homogène pour un Camembert AOC, plus sensible aux échanges extérieurs qu'un camembert pasteurisé.*

créateur : *Léontine et Auguste Lepetit.*

date d'origine : *1872, route de Thièville à Saint-Pierre-sur-Dives (Calvados)*

fabricant : *Société Lepetit, Fromageries de Terroirs.*

Un pays avec 325 fromages est ingouvernable, disait le général de Gaulle ! Pourquoi en faire tout un fromage, soyez plus coulant ! Jusqu'à ce jour, Lepetit demeure la marque la plus importante de camemberts traditionnels, celle qui a su conserver la technique de moulage à la louche. Lepetit représente 35% de parts de marché du camembert en France

ingrédients : *Lait, sel, pénicillium, ferments lactiques, présure animale (qui permet au lait de cailler).*

slogans publicitaires : *« Lepetit, le grand nom du Camembert », « Il est grand mon Lepetit », « Un grand nom, ça se mérite ».*

PETIT

PANIER DE L AMÉNAGÈRE POUR 6 CAMPEURS

3 camemberts Lepetit demi-affinés
1 barbecue
4 kg de charbon de bois
250 g de beurre doux
24 rondelles d'andouille de Vire (Calvados) ou de Guémené (Bretagne)
1 kg de pommes de terre « grenaille »
5 cl d'huile d'arachide
fleur de sel de Guérande
1 ou plusieurs bouteilles de champagne brut frais
des glaçons

45 mn avant, allumez le barbecue et tapissez largement le foyer de charbon de bois de manière à obtenir des braises conséquentes. Elles ne doivent en aucun cas être incandescentes lorsque vous poserez les boîtes sur la grille.
30 mn avant, sortez le beurre du frigo afin de pouvoir le racler délicatement avec la pointe de votre Opinel et le tartiner. Tranchez l'andouille en rondelles, laissez la peau du boyau pour maintenir les chairs, dressez sur un plat de service au frais et filmez.

Lavez les pommes de terre, sautez-les au beurre et à l'huile dans votre Téfal. Salez. Ôtez le papier blanc autour des fromages, enveloppez-les chacun dans un papier d'alu, remettez-les dans leur boîte avec leur couvercle.

Surveillez les braises afin d'estimer le moment opportun pour poser les camenberts sur la grille du barbecue. Comptez 15 mn de cuisson sous surveillance. La boîte de camembert doit se consumer lentement et se désintégrer sans aucune flamme, jusqu'à ce qu'il ne reste qu'un tas de cendre. « Quand c'est noir c'est cuit », selon l'expression.

À l'ombre d'un arbre, dressez la sainte table. À l'aide d'une spatule large en fer, récupérez les papillotes, posez-les sur le plat de service avec les pommes de terre croustillantes et égouttées.
Sur le restant des braises, au fur et à mesure, grillez quelques tranches de pain d'un seul côté, c'est bien meilleur.
Beurrez le pain et dégustez en alternance, une rondelle d'andouille, une grenaille trempée dans la fondue de camembert et renouvelez.

Sans plus attendre, faites péter le bouchon d'un beau flacon de champagne brut. S'il fait chaud, ajoutez, sans hésiter, un glaçon dans votre verre, ce n'est pas pécher. Philippe Bourguignon nous y encourage dans son livre *L'Accord parfait*, un régal.

œufs brouillés de la crémière au camembert

Elle dit de faire comme ça, la crémière.

Grattez très légèrement la croûte, qu'il n'en reste plus ou presque. Coupez des morceaux de camembert d'une épaisseur d'un centimètre. Dans une casserole en inox, commencez par faire fondre le camembert à feu très doux au bain-marie. Cassez les œufs au fur et à mesure et, au fouet, amalgamez les deux éléments de manière à obtenir une brouillade. Goûtez, salez très légèrement à cause du fromage, pas de poivre, c'est délicat avec les œufs.

Mangez chaud avec une petite salade ménagère comme les femmes savent la faire. Accompagnez les œufs brouillés de la crémière avec un pain au levain de la campagne, bien croustillant et goûteux.

PANIER DE LA CRÉMIÈRE POUR 4

1 camembert AOC de chez la crémière bien fait même un peu dépassé
6 œufs « extra » de chez la fermière
une pincée de sel gris (fin) de Guérande
2 cœurs de trévise
4 tranches de pain grillé de la campagne

TRUC CUISINE LIVE

Notre crémière **made in France,** *Marie-Anne Cantin, bataille dur à Bruxelles pour tous nos AOC au lait cru. Notre Jeanne d'Arc nationale, rendons-lui hommage, c'est la crème de la crème. Elle défend et lutte, à l'Union européenne, pour la reconnaissance de notre fromage français de l'intérieur. Elle combat avec détermination tous ceux qui veulent nous imposer des fromages au lait pasteurisé.*

Naguère, sur la vieille route de Thiéville, il y avait des fromagers qui travaillaient durement, qui s'appelaient Auguste et Léontine, Normands pur camembert. L'Auguste, histoire de tenter d'en savoir plus sur la nature secrète du calendot, demande à son ami-voisin : « s'il te plaît, Léon, fais-moi un Camembert… » Et le brave Léon lui dira tout et n'en fera pas un fromage. En 1890, le couple LEPETIT emprésure, tranche le caillé, égoutte, sale, moule et démoule, affine, bichonne tous les LEPETIT. En 1902, il fait construire une deuxième fromagerie et crée la société en nom collectif « LEPETIT et ses fils ». Dès les années 1940, la maison LEPETIT fera le cours du Camembert en France.

L'affinage fait le fromage. Le portrait idéal d'un Camembert A.O.C. pour qu'il soye véritable, faut que le lait cru provienne de Normandie (Calvados, Eure, Manche, Orne, Seine-Maritime). Il s'en fabrique partout en France et ceux-la n'ont rien à voir avec le Camembert de Marie Harel. Regardez le numéro mentionné sur la boîte du LEPETIT 14AH, c'est leur numéro de code, l'ultime garantie.

Je répète, le Camembert doit être moulé à la louche, fleuri, affiné minimum 18 jours, puis conditionné en boîte en bois. Toutes ces contraintes font un vrai de vrai A.O.C.

Pour bien choisir, sachez qu'il existe quatre stades différents d'affinage : le Camembert jeune, le mi et le demi-affiné, le 3/4 affiné et l'affiné. Un Camembert jeune : sa pâte est encore ferme avec du plâtre partout. Un Camembert mi-affiné ou demi-affiné : son cœur est au centre et la proportion de cœur et de pâte est la même. Un Camembert 3/4 affiné, on n'en parle presque jamais, son cœur de plâtre apparaît en une fine couche. Enfin un Camembert affiné : la pâte est souple et très fondante il n'y a pas de cœur.

Comprendo ?

Trois critères permettent de juger un bon Camembert A.O.C : Aspect, texture et goût. Son aspect doit être joufflu, généreux avec une croûte tourmentée et une fleur blanche striée de rouge, because l'empreinte des claies sur lesquelles il a mûri, et pas trop salé. Pour la texture, vos doigts doivent sentir une finesse de croûte, une pâte sans mollesse, souple et non coulante, « sans beurre ni reproche»... Bref ! Le goût idéal, c'est un parfum bouqueté à la saveur fruité prononcée, avec une note de noix. Qu'on m'apporte du vin, un morceau de pain, c'est ça le « saint du saint », le Paradis.

PANIER DE LA CRÉMIÈRE

1 camembert plâtreux, au cœur blanc
1 micro-ondes

Palpez votre Lepetit du bout des doigts pour une première estimation. Trop blanc, trop ferme. Le diagnostic tombe : le sujet est irrémédiablement plâtreux. Restez calme, j'ai la solution.

Remettez le camembert dans sa boîte enveloppé de son papier d'emballage. Posez le fromage au centre du plat amovible de votre micro-ondes. Positionnez la touche décongélation et comptez 3 à 5 mn, le temps de ramollir la pâte. Tâtez la texture une seconde fois pour en apprécier le toucher, vos doigts doivent s'y enfoncer mollement. Le camembert est presque à point.

Si nécessaire, poursuivez son affinage pendant quelques heures sur le rebord d'un radiateur tiède. Certifié bien à cœur !

TRUC CUISINE

Votre crémière, consciencieusement, vient de vous refiler, pas plus tard que ce matin, le plâtreux qui fera désordre au dîner.
Quoi faire ?
No problemo,
le truc est infaillible.

PANIER DE LA LAITIÈRE
POUR 6

80 g de camembert affiné
30 g de beurre
50 g de farine tamisée faible en gluten
20 cl de lait
2 râpées de muscade
1 pincée de sel fin
3 pincées de poivre blanc
4 jaunes d'œufs extra calibre 65/70 g
1 micro-goutte d'« octène 3 ol » (facultatif)
7 blancs battus en neige très fermes

Faites un roux noisette classique avec du beurre et la farine, ajoutez immédiatement le camembert avec la croûte, c'est indispensable pour le goût. Ajoutez le lait chaud de façon à obtenir une béchamel épaisse, la noix de muscade râpée, salez légèrement et poivrez.

Beurrez un moule à soufflé et réservez-le au frigo. Préchauffez le four à 210° (th-7).

Quand la béchamel est froide ajoutez les jaunes, l'octène 3 ol et mélangez vaguement, pas davantage. Montez les blancs en neige très fermes au batteur électrique ou au fouet à moulinet, ça marche aussi. Ajoutez les blancs fermes à la béchamel en deux fois et sans faire de bêtise, un petit peu pour détendre la pâte et le reste sans trop travailler. Il faut que le mélange reste hétérogène (pas tout lisse).

Versez sans attendre la prépartion dans le moule refroidi, enfournez et laissez gonfler gentiment pendant 40 mn.

TRUC CUISINE LIVE

Nota : l'octène 3 ol, c'est la molécule qui renferme un délicieux arôme de sous-bois. En vente chez « Aldrich Chimie », dans le catalogue **Flavours et Fragrances** . *Bien choisir la qualité alimentaire et faire attention au dosage.*

PANIER DE LA MÉNAGÈRE SCIENTIFIQUE POUR 4

175 g de camembert avec sa croûte pour la saveur
15 g d'échalotes hachées finement
1 branchette d'estragon haché
3 brins de cerfeuil haché
sel fin modérément
1 pincée de poivre mignonnette
4 c à soupe de vinaigre de cidre
4 c à soupe de vin blanc sec
3 petits jaunes d'œufs

AROMATES POUR LE BOUQUET FINAL
1 c à café de cerfeuil et d'estragon ciselés

Dans une casserole, mettez l'échalote, l'estragon, le cerfeuil, le sel et le poivre mignonnette. Mouillez avec le vinaigre et le vin blanc, faites bouillotter presque à réduction du liquide. Filtrez dans une passoire fine pour exprimer l'essence des herbes et obtenir l'équivalent de 2 cuillères à soupe de liquide aromatisé. C'est le moment de poser votre gamelle dans un bain-marie. Ajoutez les jaunes d'œufs et fouettez énergiquement.

Coupez le camembert en 10 morceaux et incorporez en fouettant vigoureusement la béarnaise de camembert. Lorsque vous constaterez un début de liaison, sans vous arrêter de fouetter, ajoutez le restant des morceaux de camembert. Vous devez obtenir la consistance d'une mayonnaise très épaisse. Attention, la sauce doit être tiède, au-delà elle tournerait. Ajoutez les aromates fraîchement ciselés.

Servez sans tarder. C'est remarquable avec une pièce de bœuf rôtie, grillée…

TRUC CUISINE

Hérésie que de jeter la croûte du camembert, il perdrait le meilleur de lui-même : son goût et ses vitamines.

crème glacée au camembert

PANIER DE LA CRÉMIÈRE POUR 6

35 g de croûte de camembert
120 g de chair de camembert en morceaux
2 g de sel fin
4 tours de poivre noir
2 c à soupe de vin blanc
1 c à café de calvados
20 g de crème épaisse
180 g de crème liquide fouettée
6 cerneaux de noix entiers

Retirez la croûte du camembert, coupez-la en petits cubes, filmez et réservez-la au frigo. Passez la pâte du fromage sur un tamis de fer ou, à défaut, au travers d'une grande passoire métallique. Ajoutez le sel, le poivre, le vin, le Calvados et la crème épaisse. Incorporez la crème fouettée et les cubes de croûte à la purée de camembert, mélangez délicatement,

Remplissez des petits moules ou des verres à cocktail et glissez au congélo pour 3 h.

30 mn avant de servir, sortez les crèmes glacées au camembert et posez un cerneau de noix sur chaque crème. Servez-la avec une tranche de pain d'épices à l'état complètement Heinz. (Voir page 100.)

TRUC PÂTISSIER

Pierre Hermé, pâtissier à New York et Tokyo vient de remixer la fameuse recette des marchands de glace. Une crème glacée au goût délicieusement puant...

MAYONNAISE LESIEUR

nom du produit : *La Mayonnaise Lesieur au tournesol*

conditionnement : *tube de 175 g en aluminium bouchon à vis en plastique rouge : « visser à fond avant d'ouvrir »*

créateurs : *Georges Lesieur et ses fils fondent le 15 décembre 1911 « Lesieur ». 1923, la marque « Lesieur » est déposée. Ce sont les grands spécialistes du traitement des huiles d'arachide. 1960, la première mayonnaise en tube « Lesieur » déboule sur le marché.*

fabricant : *Dirigée depuis son origine par la famille Lesieur. 1967, « Lesieur » créé une filiale commune avec Cotelle et devient Lesieur-Cotelle. La branche Lesieur Alimentaire S.A. (celle qui nous intéresse) devient en 1988 filiale de Medeol (Eridania Beghin Say). 1995, le groupe CPC (Corn Product Company) rachète au groupe Eridania Beghin Say l'activité condimentaire dont la mayonnaise, puis devient Bestfoods France.*

ingrédients : *huile de tournesol (77%), jaune d'œuf, vinaigres (dont vinaigre de vin blanc), sel, sucre, jus de citron, amidon modifié, extraits végétaux colorants, arôme.*

PAS D'ERREUR, C'EST LESIEUR

Lesieur
au Tournesol

l'œuf mayo classique

PANIER DE LA MÉNAGÈRE POUR 6

1 tube de mayonnaise au tournesol Lesieur
9 œufs classe A (très gros) de 65/70 g
1 laitue tendre
1 vinaigrette classique avec de l'huile d'arachide, du vinaigre de vin, sel et poivre
sel fin
poivre blanc moulu
7 brins de persil plat ciselé très finement

Cuisez les œufs tous ensemble à l'eau bouillante 10 mn. Rafraîchissez-les immédiatement à l'eau froide, puis écalez les coquilles. Coupez les œufs dans le sens de la longueur, réservez immédiatement au réfrigérateur sous un papier film étirable.

Videz dans un petit bol le tube entier de mayo, détendez avec 2 cuillères à soupe d'eau froide pour assouplir la texture.

Sur une assiette froide, disposez 2 belles feuilles vertes de laitue assaisonnées (à la minute, c'est bien meilleur).
Posez les 3 demi-œufs en rosace sur l'assiette, nappez de mayonnaise, décorez d'un peu de persil, ni plus ni moins.

aller se faire cuire un œuf !

POUR UNE MÉNAGÈRE NATURE

1 œuf du lendemain
1 casserole moyenne
1 bonne pincée de gros sel
1 thermomètre
1 cuillère en bois

Déposez l'œuf dans la casserole remplie d'eau froide avec délicatesse. Saler et amener la température de l'eau à 69°C. À l'aide de la cuillère roulez sans cesse l'œuf pendant 1 bonne heure sans vous arrêtez un seul instant. Mesurez la température de l'eau avec le thermomètre pour ne pas dépasser 69°C. Impératif ! Vous détenez le secret de la cuisson idéale de l'œuf dur. Dernière recommandation. Avant de commencer cette recette, assurez-vous de posséder le livre de Michel Houellebecq, *Les Particules élémentaires*. Au moins, vous n'aurez pas perdu votre temps.
En résumé, le point exact de cuisson pour un poids moyen serait 10 mn à l'eau bouillante. Un œuf trop cuit provoque une dégradation des protéines et l'apparition de sulfure d'hydrogène à l'odeur caractéristique d'œuf pourri et à la couleur verdâtre.

TRUC CUISINE

L'œuf dur idéal d'Hervé This doit avoir le blanc cuit mais tendre, salé dans la masse afin que le sel combatte cette fadeur délicate. Son jaune doit être cuit sans être sableux. Évidemment, il ne doit avoir aucune odeur soufrée.

chocolate mayonnaise cake

from Seen's baby-sitter

Tamisez ensemble au-dessus d'un saladier : farine, cacao, levure et bicarbonate. Mettez dans la cuve du robot-ménager la mayonnaise et la vanille, turbinez quelques secondes incorporez le sucre et ajoutez la farine cacaotée.

Mixez, ajoutez l'eau peu à peu jusqu'à ce que la pâte soit bien lisse. Beurrez un moule circulaire. Disposez au fond de celui-ci et sur les pourtour une feuille de papier sulfurisé. Versez 1/3 de la pâte au fond du moule et parsemez les framboises. Recouvrez du restant de pâte.

Enfournez environ 40 à 50 mn à 175°/180° (th 6). Vérifiez la cuisson du mayonnaise cake avec la lame d'un couteau, c'est cuit à la perfection lorsqu'elle ressort parfaitement propre. Démoulez encore chaud, laissez refroidir sur une grille avant de le déguster.

Le conseil de la cuisinière : c'est l'équivalence des *spoons* et *cups* en grammes qui donne lieu, dans les ingrédients, à ces quantités si précises. A cet effet, pour ne pas perdre un gramme de mayo, dénichez le *Compac Mayoknife*. spécialement conçu pour racler les moindres recoins du pot de mayo, il est maniable et va au lave-vaisselle. *More mayo for your money…*

PANIER DE LA BABY-SITTER POUR 8

341 g de mayonnaise Lesieur nature (pot)
358 g de farine tamisée type 45
50 g de cacao amer
8 g de levure chimique
6 g de bicarbonate de sodium officinal
1 gousse de vanille fendue grattée
304 g de sucre semoule
320 g d'eau minérale
1 moule à manquer de 28 cm de diamètre et de 4cm de profondeur
5 g de beurre
200 g de framboises

TRUC PÂTISSERIE

Pendant la guerre, le beurre étant rationné, les ménagères américaines eurent la bonne idée, pour confectionner leurs gâteaux, de remplacer le beurre par la mayonnaise et la géniale idée de mélanger celle-ci à du chocolat. Du jamais vu… Goûtez sans plus attendre ce gâteau extravagant à la fois moelleux et suave, en vogue dès les années 50. C'est l'huile dans la mayo qui fait tout. Et en plus, il se conserve plusieurs jours.

MAYO TOUS USAGES : SANDWICHES EN TOUS GENRES, POULET, ROSBEEF, VEAU, VACHE, COCHON, FRITES, SALADES EXOTIQUES, TOMATES-CREVETTES, MAÏS, ŒUFS DURS, ET PUIS, TOUTE LA PETITE FRITURE, COLIN (PARCE QUE COLIN-MAYO), MERLAN FRIT ET SCAMPIS, GRUYÈRE, VITELLO TONATO... MAYO TOUS TERRAINS : À LA MAISON, EN PIQUE-NIQUE, AU RESTO, AU BUREAU, AU LIT, DANS LE WAGON-RESTAURANT, AU MCDO.

PAS QUESTION POUR MOI DE MONTER UNE MAYONNAISE À LA MAIN, ÇA M'CRÈVE. LA MAYONNAISE EN TUBE EST MA FAVORITE. ELLE EST EXQUISE, ACIDULÉE, PARSEMÉE DE PICS ASSAILLANTS GRÂCE AU VINAIGRE BLANC, AVEC UNE DOUCEUR INFINIE QUI VIENT S'ÉVANOUIR AVEC VOLUPTÉ EN FIN DE BOUCHE – PAS D'ERREUR, C'EST LESIEUR.

BENEDICTA A ÉLABORÉ, EN 1997, POUR LES ENFANTS, ET POUR LE BONHEUR DE TOUS, MAYO-TUBE, UNE MAYONNAISE RAYÉE DE KETCHUP. ELLE MÉRITE QU'ON LA *SIGNAL*.

J'hallucine, y'a pire que les frappadingues du CGBCBM, le cé-lé-bri-ssi-me Club du Gras des Bonnes Choses et des Bonnes Manières dont je suis la présidente.
La philosophie du Club du Gras est essentiellement basée sur la théorie rigoureuse de « manger aussi le gras ».
Y'a aussi les adeptes de l'ASOM,
ceux-là n'ont rien à voir avec l'Association Sportive de l'Olympique de Marseille.
Leur ambition est beaucoup plus sérieuse : c'est l'Association pour la Sauvegarde de l'Œuf Mayo !

Claude Lebey, son président, a réagi et ne rigole pas sur le sujet. Pour cause,
il y avait péril en la demeure, une mort à petit feu d'un chef-d'œuvre : à cause du gras amalgamé au cholestérol.
L'association a mis le hola.
Du coup, l'ASOM. décerne chaque année son diplôme à quelques maisons perpétuant la tradition de l'œuf mayo,
listées dans le *Guide Lebey*.

Le Président Lebey nous livre la charte de son association, la belle histoire de l'œuf mayo.

Elle se passe à Paris, pendant la guerre de 14-18. John Dœuf, un jeune dandy anglais, disciple d'Oscar Wilde, fut envoyé à Paris en tant qu'officier de liaison auprès de l'armée française. « Le temps passe, seul l'œuf dure », telle était la devise de sa famille, qu'il mettait en pratique en dévorant, chaque matin, sa douzaine d'œufs durs sur le zinc de chez Eugène, bistrot de quartier, rue des Capucines, à deux pas de l'hôtel Ritz où il séjournait. Jour après jour, il trouvait cela un peu plus sec, un peu plus étouffant, quand il fit la rencontre qui devait décider de son avenir...

William Jones Mayo était alors jeune médecin à l'Ambassade des Etats-Unis. Après de brillantes études new-yorkaises, il se fit nommer à Paris, plus intéressé par les soirées chez Maxim's que par les grippes du personnel de l'Ambassade. Et ce fut le coup de foudre : un soir, il rencontra John Dœuf. Le lendemain, ils étaient encore ensemble. À l'heure où les œufs durs... *To make a long story short as they say*, Mayo suggéra à Dœuf de les couper en deux et de les napper de cette sauce « mayo » inventée par son grand-père. Et c'est ainsi que naquit « l'œuf mayo », sans conteste le plat français contenant le plus de cholestérol et recommandé, pour cela, à ceux qui en manquent. À tel point que William Jones Mayo, de retour aux États-Unis, créa la célèbre Clinique Mayo qui porte son nom, spécialisée dans le traitement de l'insuffisance de cholestérol.

Voilà comment, de la rencontre entre John Dœuf et William Mayo, naquit ce plat-culte qui est à la cuisine française ce que le trombone est au travail de bureau.

La preuve par l'œuf : les œufs sont classés en trois catégories : A, B ou C. Les catégories B et C sont destinées à la fabrication industrielle d'ovoproduits. Seuls ceux de la catégorie A sont vendus dans le commerce. La mention « Extra » est réservée aux œufs quand il s'écoule 9 jours entre la date de ponte et celle de consommation. Les œufs « frais » sont moins frais que les « Extra ». Ils peuvent être consommés jusqu'à 28 jours après la ponte. Les « Biologiques » proviennent d'un mode d'élevage en plein air, les poules ont une alimentation provenant à 90% de l'agriculture bio, conditions de cette appellation. Les « œufs de poules élevés en plein air » sont pondus en élevage intensif. Les poules disposent chacune d'un minimum de 2,50 m² de terrain pour que les œufs bénéficient de cette mention. L'étiquette de la boîte doit comporter également l'indication du calibre. Très gros (TG), Gros, (G), Moyen (M), Petit (P), ce calibre indique le poids de l'œuf.

PANIER DE LA MÉNAGÈRE POUR 4 EXTRAVAGANTS

1 tube de mayonnaise Lesieur
4 yaourts nature type bulgare
1 c à café de sel fin
1 c à café de poivre blanc moulu
7 g d'ail frais sans le germe
250 g de beurre demi-sel
6 œufs extra ou 2 boîtes d'œufs pochés Vite-Prêt
1 c à soupe de cumin en poudre

Dans le saladier, mélanger les yaourts. Salez et poivrez, pressez l'ail et l'ajouter à la préparation. Remuez au fouet. Réservez 1 h dans le compartiment congélo du frigo stocké dans une boîte congélation Tupperware.

Dans une casserole, faites fondre le beurre afin d'ôter la caséine. C'est le dépôt blanc issu du petit lait. Clarifiez, décantez puis réservez dans un bol. Cuisez en même temps les œufs mollets 5,5 mn dans l'eau bouillante, rafraîchissez-les à l'eau froide, écalez-les ou utilisez les œufs pochés Vite-Prêt.

Disposez dans une assiette creuse, sans les immerger, 3 demi-œufs en rosace sur le yaourt glacé et fouetté. Répartissez le cumin autour des moitiés d'œufs. Avec le tube de mayo, dessinez un ruban jaune sur le rebord de l'assiette. Réchauffez le beurre clarifié pendant 3 mn ou 1 mn au micro-ondes. Versez le beurre hyper-bouillant (il ne doit pas être noisette) sur les œufs qui se métamorphoseront en œufs au gras. Mangez-les immédiatement avec une cuillère à entremets.

Le conseil de la cuisinière ; les œufs pochés Vite-Prêt sont hyperpratiques. 2 mn au micro-ondes ou 3 mn au bain-marie dans le papier d'emballage et dans de l'eau frémissante. Que demander de plus ?

les œufs mimosa de momo pastaga

PANIER DE LA MÉNAGÈRE EN VACANCES POUR 4 ROUTARDS

1 tube de mayonnaise Lesieur
6 œufs de 65/70 g extra-frais dont 2 jaunes pour décorer
1 c à soupe de persil haché

Le « Pick-œufs » (de Teppaz) est une invention anglaise hyper-pratique en vente dans les boutiques spécialisées qui permet également de percer les œufs. Avec une aiguille, percez la cavité du gros côté de la coquille de l'œuf. Avec cette combine, les œufs en cuisant ne se fêleront jamais.

TRUC CUISINE

Momo Pastaga c'est madame déco de Côté Sud, Est, Ouest et Atmosphère, atmosphère... ces œufs mimosa sont remarquables, servis avec un grand verre de pastaga à la marseillaise noyé d'eau fraîche sans glace. A boire avec modération.

L'important, c'est de cuire les œufs tous ensemble 10 mn à l'eau bouillante. Rafraîchissez-les immédiatement à l'eau froide, égouttez et écalez. Coupez les œufs dans le sens de la longueur. Très délicatement, retirez le jaune de l'intérieur de sa coque en vous aidant d'une petite cuillère. Conservez les « coques » de blanc au frigo sous un papier film étirable.

Écrasez à la fourchette 4 jaunes d'œufs durs, mélangez-les à la mayonnaise et ajoutez le persil. Remuez et rectifiez l'assaisonnement. À l'aide de votre seringue miracle à piston super déco, douille cannelée, garnissez les cavités de chaque coque. Passez les 2 jaunes d'œufs restant à la moulinette à fromage et décorez les œufs. Vous obtiendrez un effet « b'œuf » mimosa.

nom du produit *: Lustucru « Coquillettes », pâtes alimentaires de qualité supérieure aux œufs frais, cuisson 10 mn.*

conditionnement *: boîte en carton de 250 g ou de 500 g, illustrant le produit et la marque, mentionnant la garantie qualité Lustucru bénéficiant d'un savoir-faire issu de 100 ans d'expérience.*

créateur du produit *: 1860 Grenoble, fondation de la première fabrique de pâtes. 1910, l'entreprise prospère, il faut lui trouver un nom de baptême, des couleurs qui rendent les paquets tout de suite identifiables. Alors, sans plus attendre, un concours d'affiches est lancé avec les plus grands illustrateurs de l'époque : Poulbot, Forain, Carlège, Truchet, Synave... L'heureux élu : Synave. Il présente une boîte de pâtes alimentaires décorée d'un damier, celui qui est encore aujourd'hui la marque de la maison. Forain, quant à lui, leur trouve un père : le fameux « Pèr'Lustucru ». Et en avant la musique « C'est la mère Michel qui a perdu son chat, qui crie par la fenêtre à qui le lui rendra, c'est le Pèr'Lustucru, qui lui a répondu, allez la Mère Michel, votre chat n'est pas perdu... Sur l'air du tra, la, la... Sur l'air du traderidera et tralala... »*

ÇA VOUS A PLU
C'EST LUSTUCRU

fabricant *: Rivoire & Carret Lustucru, deuxième fabricant français et troisième fabricant européen, 29, boulevard Charles-Nédélec 13302 Marseille.*

date d'origine *: Le fabricant n'est pas en mesure de donner une date précise de la commercialisation des « Coquillettes ». Une seule certitude : les premiers emballages retrouvés datent des années 1910-1920. Cependant, elles peuvent avoir été commercialisées plus tôt...*

ingrédients *: semoule de blé dur de qualité supérieure, œufs frais 12,3%. Lustucru ajoute dans sa recette : 3 œufs frais (140 g) par kilo de semoule de blé dur.*

slogans publicitaires *: « Il n'y a pas d'œufs fêlés chez Lustucru. »*

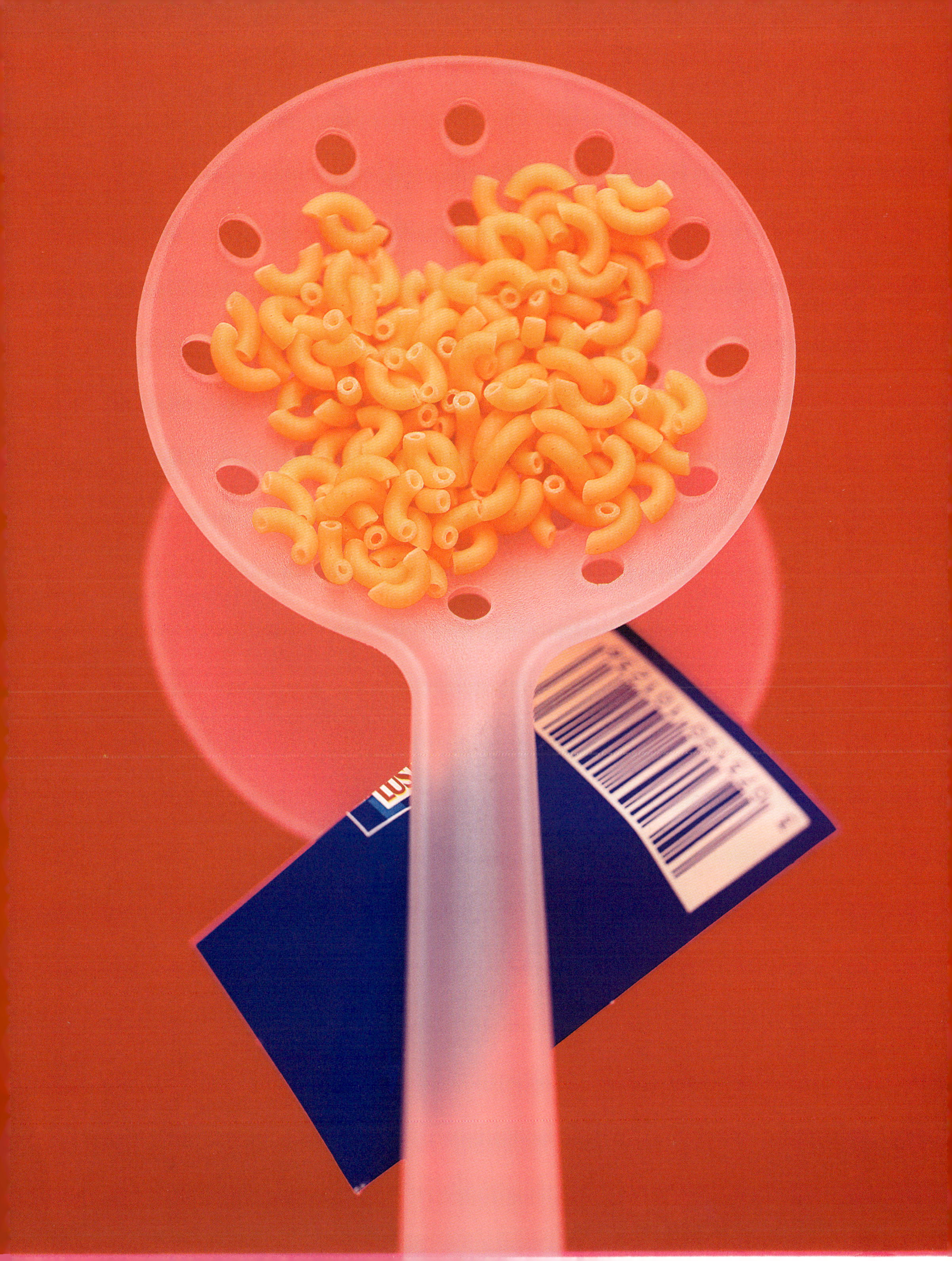

coquillettes, truffe et jambon, jus d'un rôti

griffées Alain Ducasse

PANIER DU CUISINIER POUR 8

500 g de coquillettes Lustucru
50 g de beurre
160 g de noix de jambon blanc de Paris en dés
20 g de truffe noire hachée
sel fin
poivre blanc du moulin

BÉCHAMEL

50 g de beurre
50 g de farine
75 cl de lait

JUS D'UN RÔTI ET BOUILLON

2 l de fond blanc (bouillon de volaille) ou 1 Kub Maggi dans 2 l d'eau
20 cl de jus de viande (poulet, veau, cochon, bœuf...)

Préparez la béchamel façon Tante Marie, réservez-la dans la casserole sur le coin du feu.

Portez le bouillon à ébullition. Déglacez le jus de viande avec 8 cuillères à soupe de bouillon. Réservez le jus déglacé et le bouillon restant au chaud.

Faites revenir les coquillettes à sec (sans eau) avec 20 g de beurre dans une cocotte à fond émaillé. Nacrez-les façon risotto ; comptez 2 à 3 mn pour donner un aspect irisé aux pâtes.
Mouillez les coquillettes en plusieurs fois avec le bouillon bien chaud, renouveler l'opération le temps qu'elles aient absorbé presque le liquide. L'amidon se lâche et rend les pâtes crémeuses. Attention au temps de cuisson qui ne doit pas excéder la durée prescrite par le fabricant, ce n'est pas du riz. En final, ajoutez le jambon blanc, la truffe, liez avec les 50 g de beurre, rectifiez l'assaisonnement.

Dans une assiette creuse bien chaude, versez au centre une petite louche de béchamel bouillante. Noyez les coquillettes, truffes et jambon, saucez autour le jus chaud du rôti. Donnez un bon tour de moulin à poivre, c'est le chef qui insiste. Vous savez ce que j'en dis. Avis à ceux qui veulent flinguer le plat.

TRUC CUISINE

Révision de la sauce Béchamel : faire fondre 50 g de beurre, y mêler une cuillère à soupe de farine qu'on fait roussir légèrement. On mouille avec du lait tiède, on touille à la cuillère en bois le temps que la sauce épaississe. On sale, on poivre de poivre blanc moulu. Tiens ! Tante Marie aussi.

Panier de la ménagère alsacienne pour 6

400 g de coquillettes
50 g d'oignon
5 g de beurre
25 cl de crème liquide
100 g de munster
6 jaunes d'œufs

Epluchez et hachez l'oignon finement. Dans une cocotte alsacienne en fonte émaillée de Francis Staub, la « Paul Bocuse », faites-le suer au beurre sans coloration, versez la crème et faites-la bouillir. Cuisez les coquillettes à l'eau bouillante salée *molto al dente* (comptez 3 mn en moins de cuisson). Égouttez-les et mélangez-les aux oignons.

Incorporez à la dernière minute le munster en morceaux sans la croûte, remuez jusqu'à ce qu'il fonde, goûtez et rectifiez l'assaisonnement en sel si nécessaire. Dressez les coquillettes dans des assiettes creuses chaudes. Posez au centre sur les pâtes un jaune d'œuf dans sa coquille. Mélangez juste avant de déguster.

En Angleterre, on les mange avec du cheddar ; en Italie, avec du parmesan, en Alsace avec du munster…À chacun son histoire.

Truc Cuisine

Au Ve siècle avant notre ère, cet aliment primitif, mélange d'eau et de farine, séché au soleil, cuit à l'eau, aurait pu être la coquillette biblique de la nuit des temps. Au IIIe siècle avant J-C., un bas relief étrusque évoque la fabrication des coquillettes en Alsace. Tout cela n'exclut pas que les pâtes viennent de Chine, en témoigne des représentations de vénérables cuisiniers chinois étirant les « barbes du dragon », ancêtre du vermicelle chinois. Tout le monde prétend avoir inventé les pâtes, et leur histoire est longue et compliquée.

La publicité dans les années cinquante : « Et ce plat, maman, est-il assez grand pour tes Lustucru ? Oh ! Je n'en suis pas sûre ! Souviens-toi, ma petite fille, combien les pâtes Lustucru sont particulièrement avantageuses à la cuisson... grâce aux œufs frais ! Pourquoi ? La raison est simple : ni œufs en poudre, ni colorants, mais rien que de bons œufs frais choisis et cassés un à un... »

Valérie Lemercier, rédactrice en chef invitée d'un numéro de l'hebdomadaire *Elle* donne, pour la circonstance, sa recette maison des coquillettes au beurre. Prendre la casserole la plus près de la porte du placard pour ne pas s'énerver. Mettre de l'eau du robinet et du gros sel. Quand l'eau bout, jeter les coquillettes. Pendant la cuisson, mettre un disque et danser un peu. J'ai essayé, c'est nickel. Histoire d'être dans le coup, écouter son 45 tours *Goûte mes frites*, et les deux faces, s'il-vous-plaît !

Confection du jus de poulet. Épluchez les légumes, coupez-les en petits morceaux. Faites chauffez l'huile dans une cocotte, ajoutez 100 g de beurre, faites-y rissoler le poulet et les légumes. Salez, poivrez. Lorsque la viande est dorée, jetez le gras. Mouillez d'eau à hauteur, laissez évaporer le liquide ; renouvelez 2 fois l'opération pour corser le jus. Couvrez une dernière fois la viande d'eau et laissez cuire 3 h à feu moyen en remuant régulièrement. Ajoutez alors le beurre restant, liez et filtrez le jus. Faites réduire de moitié dans une casserole. Laissez refroidir totalement avant de stocker au frigo ou au congélo, dans le bac à glaçons.
Récupération du précieux liquide un jour de poulet. Déglacez le jus du poulet rôti avec de l'eau tiède ou du bouillon et en prélevez 10 cl dans le plat de cuisson.

Sortez les rouleaux de pâte de leur emballage. Avec le premier, tapissez la tourtière beurrée en rabattant la pâte sur le bord du moule, mettez 10 mn au frigo. Préchauffez le four à 200° (th 6-7). Enfournez 20 mn.

Réhydratez les champignons en les trempant 15 mn dans l'eau tiède, égouttez et plongez-les 10 mn dans l'eau bouillante ; rincez à l'eau courante, essorez-les et réservez.

Faites cuire les coquillettes à l'eau bouillante salée pendant 6 mn, égouttez-les, ajoutez le jus de poulet, les morilles. Hors du feu, saupoudrez les fromages, poivrez si le cœur vous en dit, rectifiez l'assaisonnement et remuez.

Remplissez la timbale précuite de coquillettes aux morilles bien chaudes, recouvrez-la de la seconde abaisse de pâte, en soudant les bords. Façonnez une petite cheminée avec du carton souple, plantez-le au centre pour laisser échapper la vapeur. À la pointe du couteau, dessinez des rosaces sur la pâte et badigeonnez la dorure. Enfournez pour 15 mn à 210° (th 7). Décalottez le couvercle de la timbale et servez aussitôt sur assiettes chaudes.

TRUC CUISINE

Jour de poulet rôti, profitez-en pour préparer une timbale de coquillettes au jus de poulet. Ah si ! C'est rien de faire un jus de poulet. Vous l'oubliez sur le coin du feu, ça cuit tout seul. Confidence pour confidence, je dépiaute uniquement la chair des ailerons que j'ajoute aux coquillettes.

PANIER DE LA MÉNAGÈRE SANS MÉNAGEMENT POUR 8

500 g de coquillettes
2 rouleaux de pâte brisée pur beurre
30 g de morilles séchées
50 g de gruyère râpé
50 g de parmesan râpé
sel fin poivre blanc moulu
moule à manquer
5 g de beurre

DORURE

1 jaune d'œuf
1 c à soupe d'eau

JUS DE POULET

200 g de carottes en dés
100 g de côte de céleri en tronçons
1/2 tête d'ail à la peau coupée en deux
10 queues de persil ciselées grossièrement
3 c à soupe d'huile d'olive
200 g de beurre
500 g d'ailerons de poulet
500 g de cuisses de poulet
sel, poivre

ou… 10 cl de jus de poulet récupéré

MAGGI

MAGGI

PROFITE À TOUTE LA FAMILLE

nom du produit : *Maggi potage déshydraté à la poule et au vermicelle*

conditionnement : *sachet en aluminium aux couleurs rouge et jaune. Maggi encore plus facile : préparation à l'eau froide.*

créateur : *Julius Michaël Johannes Maggi dit Julius Maggi.*

date d'origine : *1912 à Kempthall (Suisse allemande).*

ingrédients : *vermicelle (64 %), sel, exhausteurs de goût : glutamate, inosinate, guanylate de sodium; légumes (5,2%) : panais (variété de navets), poireau, carotte, oignon ; graisse et viande de poule (3,3%), fécule de pomme de terre, arômes, sucre, épices, persil, colorant : caramel (E150c), blanc d'œuf.*

fabricant : *usine Maggi à Itancourt (Nestlé France).*

slogan publicitaire : *« Maggi, Maggi, et vos idées ont du génie. »*

Maggi
Poule

comme chez Thorel

PANIER DE LA MÉNAGÈRE JEUNE ET DYNAMIQUE POUR 4

1 sachet de Maggi poule vermicelle
1,5 l d'eau minérale
250 g de blé vert
2 pincées de fleur de sel
1 barquette de grosses crevettes roses sous-vide
poivre du moulin
100 g de beurre demi-sel
1 c à soupe d'huile d'olive

Dans une casserole, versez directement le sachet de Maggi poule vermicelle dans 1,5 l d'eau minérale froide et portez à ébullition. Baissez le feu, couvrez partiellement, laissez mijoter 5 mn. Filtrez le bouillon, mangez le vermicelle immédiatement, c'est plein de vitamines.

Battez votre brassée de blé dans une étoffe solidement ficelée et récupérez les grains de blé vert. À l'aide d'un couteau, hachez-les grossièrement, versez-les dans le bouillon, salez et laissez cuire 20 mn. Dans la Téfal très chaude légèrement huilée, jetez une pincée de fleur de sel et, quand il crépite, posez les crevettes dessus 1 mn de chaque côté.

Mixez la soupe finement, passez-la au chinois, émulsionnez 3 mn au robot-plongeur avec le beurre pour velouter la texture. Réchauffez les crevettes à la poêle, immergez-les dans le potage sans oublier d'en réserver 4 pour la déco, posées en équilibre sur le bord du bol.

TRUC CUISINE

Cuisinier-paysan, Jacques Thorel totalise deux étoiles au Michelin pour son « Auberge bretonne » à la Roche-Bernard. Juin est la saison idéale pour allez aux champs, et nulle part ailleurs, cueillir une brassée de blé vert.

PANIER DE LA MÉNAGÈRE POUR 4 ASSIETTES CREUSES

1 sachet Maggi poule vermicelle
1,5 l d'eau de minérale

Délayez le contenu du sachet dans l'eau minérale ou l'eau de source froide. Portez à ébullition. Couvrez partiellement, pendant 5 minutes de cuisson à feu doux, en remuant de temps en temps.

Stop, c'est prêt.

Mangez ce potage tel quel ou utilisez-le comme aide ménagère. Il faudra alors filtrer le bouillon. C'est merveilleux avec les risotti, pour tous les mouillages, les braisages, les sauces et mijotages...

TRUC CUISINE

Des goûts et des couleurs, on ne discute pas. Il existe de nombreuses bases culinaires : fonds et fumets déshydratés, par exemple, pour cuisson et sauces. Mais pour rien au monde je ne changerai mon Maggi poule vermicelle pour un autre. C'es t celui-là que j'aime.

PANIER DE LA BRETONNE
POUR 2 MARINS

1 sachet Maggi poule vermicelle
1 sole de 800 g environ
1 l d'eau de source
1 galette de blé noir (crêpe)
50 g de beurre salé
1 échalote ciselée
100 g de champignons de Paris émincés
10 cl de vin blanc sec
1 pincée de sel
3 tours de poivre noir du moulin
1/2 camembert
10 brins de cerfeuil en pluches

Faites lever les filets de sole par le poissonnier. Taillez les chairs en goujonnettes (grosses lanières). Préparez le bouillon de poule (voir page 135), filtrez le vermicelle, immergez la galette de blé noir dans le bouillon et réservez au chaud.

Dans une Téfal, à feu vif, poêlez les goujonnettes dans du beurre mousseux. Égouttez-les dans une passoire et récupérez le beurre avec les sucs de cuisson.

Faites suer l'échalote dans le beurre de cuisson du poisson, ajoutez les champignons, mouillez-les au vin blanc, salez peu et poivrez au moulin. Faites réduire et mélangez à l'infusion de galette. Coupez le camembert en morceaux et ajoutez-le à la soupe. Mixez-la au robot-plongeur jusqu'à une émulsion à la consistance veloutée. Rectifiez l'assaisonnement si nécessaire.

Dressez les goujonnettes dans deux assiettes creuses chaudes, versez le velouté bouillant dessus. Parsemez de pluches de cerfeuil.

TRUC CUISINE

Cette soupe est encore signée J. T…

SKETCHES

Fée minute : quel choc d'apprendre que la poule-au-pot ne doit rien à Henri IV, mais tout à J. M. Julius Maggi, italien d'origine, naturalisé suisse, meunier de son état, crée en 1886 la société Maggi et Cie, avec pour fonction de fabriquer et de commercialiser des produits alimentaires, des spécialités et des produits médicaux, dont les farines à base de légumes secs. Mais attention, le goût avant tout. Au fur et à mesure, les premières collections de farines de légumineuses s'enrichissent de nouvelles séries. Dès 1883, Julius invente, bien avant moi, la « truc-cuisine », avec son potage déshydraté minute. L'ère de la « cuisine-industrie» est en route. Fridolin Schuler, un ami médecin de Julius, constate la piètre qualité nutritive de l'alimentation ouvrière. Alors J. M. cogite, mouline, grille, assèche, dans la minoterie de papa, légumes et légumineuses.
Le bouillon « KUB » : un litre d'eau et plouf, un K, quelques minutes suffisent à la préparation d'un merveilleux bouillon reconstituant.
1887, l'Arôme Maggi. 1908 est une grande année pour Maggi, le fameux Bouillon KUB reçoit la caution d'utilité publique. C'est en 1947 que Maggi fusionne avec Nestlé... Chapeau Julius !

Pourquoi se braquer sur les soupes déshydratées. J'assure qu'une de mes préférées est la « Maggi tomate vermicelle » en sachet, elle mousse en cuisant, et devient orange dans son assiette. 63 g net d'extase et le bonheur en paquet. N'oubliez pas, la « Maggi poule vermicelle », c'est une véritable bonne à tout faire que j'utilise à toutes les sauces, elle est extra.
Dans une casserole en alu, versez un litre d'eau du robinet. Puis d'un geste professionnel, videz direct le sachet dans l'eau froide. Couvrez le temps que l'ébullition s'amène illico presto. *C'est un point important de la recette qu'il ne faut pas négliger pour obtenir une bonne sapidité du potage. Les Italiens appliquent cette méthode pour accélérer la reprise de l'ébullition pour la « pasta ». Mettez le gaz plein pot pour donner un coup de fouet, couvrez partiellement, baissez la flamme et laissez mijoter 5 mn à feu doux. C'est pour mieux atteindre le style nouille.*

FRITES McCAIN

nom du produit *: pommes frites « enrobées » préfrites surgelées McCain « Just au FOUR ». Un procédé exclusif de fabrication permet de garantir des frites encore plus croustillantes et moins grasses, cuites au four. McCain, c'est l'engagement qualité : c'est le contrôle de la pomme de terre depuis le champ jusqu'au sachet de frites.*

conditionnement *: en octobre 1998, l'agence Landor conçoit un nouvel emballage en plastique recyclable pour les frites McCain « Just au FOUR ». Aux couleurs flashies, orange et rouge, avec des lettres d'argent écrites en gros sur le paquet.*

A CONSOMMER
DE PRÉFÉRENC
AVANT
LES AUTRES

créateur *: McCain Alimentaire.*

date d'origine *: 1957, Wallace et Harrisson McCain créent les frites surgelées à Florenceville dans le New Brunswick, au Canada. 1993, une immense révolution se profile à l'horizon avec les « Suprêmes au FOUR ». Plus besoin de plonger les frites surgelées dans l'huile, elles se réchauffent directement au four. Juin 1998, le produit évolue, les frites sont à présent enrobées, toujours préfrites et surgelées. Les « Just au FOUR » se cuisent au four, plus d'odeur !*

ingrédients *: pommes de terre, huile 100% végétale, enrobage (dont farine de blé, amidon modifié, colorants naturels : curcumine et extraits de paprika.*

Valeur énergétique moyenne pour 100 g de produit surgelé : 157 kcal (660 kj).

fabricant *: McCain Alimentaire. En 1981, la première unité de production de frites s'ouvre en France, dans le Pas-de-Calais - McCain S.A. à Harnes, la plus grande du monde. En 1986, une seconde unité de production s'implante à Béthune. À l'étude, la construction d'un nouveau site à Matougues dans la Marne. McCain produira bientôt 130 000 tonnes de frites par an.*

McCain

PANIER DE LA MÉNAGÈRE POUR 4

600 g de frites « Just au FOUR » McCain
sel fin
poivre gris moulu

EN SUGGESTION

ragoût cuisiné avec des joues de bœuf, tajine de poulet, ou de souris d'agneaux consultez la rubrique « en sauce » de Tante Marie, Ginette Mathiot et autres Madame Saint-Ange
1 sachet de poule vermicelle Maggi

À l'abri des regards, cuisinez le ragoût de votre choix à la cocotte-minute Seb, gain de temps 45 mn (au lieu de 4h), personne ne vous en fera reproche. Lorsque le ragoût est fin prêt, transvasez discrètement la viande dans une cocotte bien culottée, nappez de sauce et si le jus est épais, détendez-le avec du bouillon de poule Maggi filtré (voir page 135).

Préchauffez le four 10 mn à 230° (th 7-8), enfournez les frites sur la plaque. Laissez dorer 11 à 14 mn. Une fois cuites, ajoutez du sel fin, secouez pour ôter l'excédent. Poivrez.

Posez les fritas sur le ragoût de viande. Arrangez-vous pour qu'il y ait suffisamment de jus dans le fond de votre gamelle, ce qui compte c'est la sauce onctueuse qui imbibera vos frites. Fermez le couvercle, secouez la cocotte avec un beau geste afin que les frites s'imprègnent de sauce. Laissez mijoter à petit feu 10 mn.

Un must dans la catégorie ragoûgnasse.

TRUC CUISINE

On invente pas grand-chose, tout est déjà écrit ! cette recette est un raccourci du **Khoreche gheimeh,** *le fameux ragoût iranien aux pommes de terre frites à base d'agneau, de poulet ou de bœuf. En fin de cuisson, les femmes ajoutent des frites et secouent alors la marmite. Les frites s'imprègnent du jus sirupeux dégoulinant et deviennent les fritas patatasmollas.*

le gratin de frites, c'est râpé !

petite merveille craquante

PANIER DE LA MÉNAGÈRE POUR 4 FRITEUSES

600 g de frites
Just au FOUR McCain
sel fin généreusement
3 tours de poivre noir du moulin
2 c à soupe d'huile d'arachide
1 plat à gratin
2 sachets d'emmenthal râpé
15 g de beurre demi-sel

Disposez les frites préfrites bien à plat directement sur la plaque de votre four, enfournez-les à 230° (th 7-8) pendant 11 à 14 mn. Lorsqu'elles sont cuites, débarrassez-les dans le plat à gratin légèrement huilé. Salez, poivrez sans excès. Recouvrez généreusement les frites de fromage râpé et ajoutez quelques noix de beurre salé dessus pour gratiner.

Enfournez à 180° (th-6) le temps que le gruyère se répande et coule en vaguelettes ondulées comme pour un risotto « all'onda ». Mangez le gratin de frites rapido sinon, c'est râpé.

C'est bon avec du poulet rôti, une côte de bœuf ou simplement accompagné d'un cœur tendre de jeune laitue aspergée d'une vinaigrette qui tienne la route.

Conseil de la cuisinière : le gratin de frites doit avoir de l'épaisseur. N'hésitez pas à ajouter un paquet de Just au FOUR en plus. Y'a un goût de « revenez-y »…

TRUC CUISINE

Les frites se dégustent accompagnées d'une salade verte bien froide assaisonnée d'une vinaigrette classique, relevée au vinaigre de vin, additionnée d'huile d'arachide, le tout condimenté d'un petit oignon fraîchement bêché au fond du jardin. (Pour cultiver vos oignons, achetez le remarquable livre **Le Potager plaisir** *de Monsieur Jean-Pierre Coffe, il cuisine toujours pour Siemens et jardine pour nous.*

Délire mortel :

1 030 tonnes de patates, soit 32 tonnes d'huile par jour. C'est à peu près le carburant nécessaire à McCain pour une journée de boulot sur son site de frites surgelées préfrites. Quand McCain crée la frite *indéfectible* au four qui pue pas, elle devient leur produit vedette. Maintenant, avec Just au FOUR, coupe traditionnelle, McCain vous permet de retrouver le plaisir d'une bonne frite à dorer au four. Parfaitement croustillante et mœlleuse à souhait.

BLAGUE À PART, RESTEZ FIDÈLES AUX FRITES PRÉFRITES, MCCAIN « JUST AU FOUR ». ELLES SONT IDÉALES DANS LA « TRUC-CUISINE », PRÊTES À RÉCHAUFFER EN 11 MINUTES AU FOUR ET SANS HUILE. C'EST PAS RIEN LA TECHNO. LA JUST AU FOUR MCCAIN, ELLE A DU STYLE. JE L'AIME CAR JE SUIS UNE CUISINIÈRE ÉLASTIQUE ET ÇA NE TRAUMATISE PAS MON EGO. TOUT FRIT, LE RETOUR À LA CASE TRIOMPHE.

Quelle belle preuve de ma-tri-ar-cat.. Pas moins de quatre générations de femmes se la sont transmise d'arrières-grands-mères à grands-mères et de filles à petites-filles. Une recette inédite exclusivement réservée aux descendantes en ligne directe, pas question d'y intégrer les pièces rapportées.

Les « fritas patatasmollas » est l'une des plus belles recettes de « ragougnasse » du club du même nom que je connais.

Gianina « cuisine-pratique ». C'est la petite dernière de Tota sa mama juive. Enfance choyée et super protégée, la petite est élevée à la cool-douce dans l'univers de la génération des « ya hiouni » (lumière de mes yeux, ne t'occupe de rien). Les jeunes filles sont détenues jusqu'au mariage chez papa-maman.. À 20 ans , la gamine ne sait rien faire de ses dix doigts. C'est la génération de la protection et de l'obéissance, le « oui m'man , non m'man ». Pas celle des after-branchés du genre : « fai'che la reme, ça m'effrite grave de toucher à une gamelle », non , ceux-là , c'est l'étoffe des zéros.

« Fries-Togo », ça vous dit quoi ? Ce sont des frites au magnétron spécial micro-ondes. On les trouve dans les bacs « grand froid » de Picard surgelés. On met directement l'étui en carton au micro-ondes 3 mn sur la position puissance maximale.

nom du produit : *Maggi, Mousline, nature, purée de pommes de terre au lait entier en flocons. Le nom vient de la connivence entre le mot purée et sauce mousseline. Difficile d'imaginer qu'une purée en flocons requiert autant d'exigences technologiques, mais sa fonction première n'est-elle pas de libérer la femme des tâches ménagères auxquelles elle est contrainte, et notamment celles de la cuisine…*

conditionnement : *Étui en carton contenant 4 sachets de 125 g. Maggi protège ses flocons de pommes de terre en les conditionnant dans des sachets sous atmosphère protectrice en aluminium. Le graphisme de la boîte a certes évolué, mais les couleurs dominantes sont toujours le rouge, le jaune et le brun.*

créateur : *En 1963, Maggi crée la fameuse purée mais on ne sait pas exactement qui l'a inventée. Nestlé a racheté un brevet à un gros intervenant de la pomme de terre aux États-Unis (Simplot).*

date d'origine : *55 ans après le Kub, Mousline apparaît comme une véritable innovation dans la consommation, habituellement hostile aux transformations industrielles de tout produit alimentaire. 1963, lancement historique de Mousline. 1975, Mousline se met au lait, 1982, elle se fait Rapid'maïs, au fromage en 1984 et à l'Ancienne en 1998.*

QUE SERAIT LA VIE SANS UNE GRANDE MARQUE D'AFFECTION

ingrédients déshydratés : *pommes de terre (99%). Émulsifiant : monostéarate de glycérol. Stabilisant : disphosphate de sodium. Épices et extrait d'épices. Antioxygène : acide scorbique. Conservateur : disulfite de sodium.*

fabricant : *Nestlé, une seule usine à Rosières-en-Santerre (Picardie).*

slogans publicitaires : *1968, « Je touille sans battre », assène une voix off. 1969, un cuisinier avoue humblement « Mon secret ? je suis le mode d'emploi ». 1979, le ton est donné avec la fameuse chanson « Quand je fais de la purée Mousline… ». En 1998, la saga des contes de fées se poursuit avec l'ogre et la fée Carabosse…*

Mousline

PANIER DE LA MÉNAGÈRE PÂTISSIÈRE POUR 8

1 sachet de purée Maggi Mousline nature (125 g)
50 cl d'eau
25 cl de lait
30 g de sucre
1 gousse de vanille fendue grattée
1 c à café de levure chimique
1 c à café de fleur d'oranger
1 pincée de sel fin
30 g de beurre
50 g de farine tamisée
le zeste d'un demi-citron et son jus
huile pour friture
80 g de sucre cristal gros grain
1 bocal de Fruissonnade (abricots, griottes, fraises, myrtilles, pamplemousse rose...)

Dans une casserole, portez à ébullition l'eau, le lait. Ajoutez le sucre, la vanille, la levure et la fleur d'oranger. Versez les flocons de purée en une seule fois tout en remuant jusqu'à parfaite absorption du liquide. Laissez gonfler quelques instants. Miracle ! Vous obtenez 750 g de purée restituée. Ajoutez le sel, le beurre, la farine, le zeste de citron et son jus. Mélangez et laissez reposer la pâte à beignets 2 h au frigo.

À l'aide du rouleau fourni dans le kit Tupperware D-28, abaissez la pâte à 0,5 cm d'épaisseur sur la feuille anti-dérapante à pâtisserie D-29. Façonnez 40 boulettes d'environ 20 g chacune. Stockez-les 1 h au frigo.

Faites chauffez votre bain d'huile à 180°C. Posez 10 boulettes dans le panier de la friteuse. Immergez les boulettes environ 3 à 4 mn dans l'huile bouillante. Renouvelez l'opération jusqu'à épuisement de la pâte. Égouttez sur du papier absorbant. Roulez les beignets de Mousline dans le sucre cristal. À l'aide du piston à décor, injectez la Fruissonnade choisie. Attention, point trop n'en faut.

Un bon conseil : ne faites qu'une seule bouchée de votre beignet.

TRUC CUISINE

La meilleure friture, c'est la graisse de cheval, en vente chez tous les bons bouchers chevalins. Alain Passard, 3 étoiles au Michelin, la revendique haut et fort pour ses frites.

Dans une casserole, portez à ébullition 50 cl d'eau et 25 cl de lait. Versez les flocons en une seule fois tout en remuant jusqu'à parfaite absorption du liquide. Laissez gonfler quelques instants, vous obtenez 750 g de purée restituée. Ajoutez le beurre, la farine, la levure, le maïs, le sel, la purée de piment et mélangez l'ensemble délicatement. Stockez 1 h au frigo.

À l'aide du rouleau Tuppeware D-28, abaissez la purée à 0,5 cm d'épaisseur sur la feuille anti-dérapante à pâtisserie Tupperware D-29. Façonnez 40 nuggets d'environ 20 g chacun, roulez-les un à un dans la chapelure. Stockez les nuggets potatoes 1 h au frigo.

Faites chauffez votre bain d'huile à 180°C. Posez 10 nuggets dans le panier de la friteuse. Immergez les nuggets environ 3 mn dans l'huile bouillante. Égouttez sur du papier absorbant, salez généreusement au sel fin. Renouvellez l'opération jusqu'à épuisement. Remplissez un bol de sauce Picallili, trempez les nuggets dans la sauce et mangez-les bien chaud.

Le conseil de la ménagère moderne : pour celles et ceux qui préfèrent le maïs frais, il existe un rabot à épis de maïs, qui détaille les grains de maïs.

PANIER DE LA MÉNAGÈRE BRANCHÉE POUR 8

1 sachet de purée Maggi Mousline nature (125 g)
50 cl d'eau
25 cl de lait
30 g de beurre
50 g de farine tamisée
1 c à café de levure
50 g de maïs en grains
1 g de sel fin
1 c à dessert de purée de piment thai
100 g de chapelure
huile de friture
sel fin
1 pot de Piccalilli

PANIER DE LA MÉNAGÈRE VIENNOISE POUR 8

BOULETTES

190 g de flocons de purée de Maggi Mousline nature
75 cl d'eau
37,5 cl de lait
1 pincée de sel fin
noix de muscade râpée (facultatif)
4 jaunes d'œufs
200 g de farine
du bouillon Maggi poule filtré

FARCE

500 g de lard gras
500 g d'oignons
sel
poivre du moulin

La veille impérativement, préparez la purée de Mousline. Dans une casserole, portez à ébullition l'eau et le lait, retirez la casserole du feu. Salez et remuez. Laissez tiédir 2 à 3 mn pour obtenir la température idéale de la purée. Versez les flocons en une seule fois tout en remuant pour bien les répartir dans le liquide. Laissez gonfler quelques instants. Stockez la purée une nuit au frigo lorsqu'elle sera parfaitement froide.

Préparez la farce. Détaillez le lard en dés, faites-le rissoler dans un sautoir le temps qu'il devienne croustillant. Égouttez-les fritons dans une passoire. Faites suer les oignons hachés sans coloration dans la graisse de cuisson du lard. Mélangez les fritons aux oignons. Salez et poivrez. Gardez au frais. Lorsque le gras aura figé, façonnez des boudins de 1,5 cm de diamètre et de 20 cm de long environ. Filmez les boudins très serrés comme pour rouler une cigarette et stockez une nuit au congélo.

Le lendemain, mettez la purée dans une terrine, muscadez, cassez les jaunes un à un, remuez au fur et à mesure et incorporez la farine. Détendez avec un peu de bouillon si la texture est trop compacte. Coupez des bouchons de 3 cm de longueur dans les boudins de farce congelés. Laissez ramollir légèrement. Modelez les knödels de pomme de terre de la grosseur d'une balle de golf et fourrez-les des bouchons de lard. Roulez-les dans la paume de la main huilée. Mettez-les au frigo pour qu'ils durcissent.

Pochez les knödels dans une casserrole remplie d'eau bouillante salée : ils sont cuits lorsqu'ils remontent en surface. Plongez-les immédiatement dans l'eau glacée et égouttez-les.

Accompagnez les knödels d'un coleslaw ou de 25 cm de saucisse de campagne roulée en serpentin.

TRUC CUISINE

Munissez-vous de gants de chirurgien extra souple, huilez-les et façonnez vos boulettes dans cet accoutrement. Les knödels sont des boulettes de pommes de terre fourrées au lard, spécialité viennoise.

chaud-froid de patate au crabe

Préparez la purée au micro-ondes ou, plus traditionnellement, à la casserole. *Première méthode.* Mélangez l'eau et le lait froids avec le sel dans un récipient adapté. Versez les flocons tout en remuant en même temps pour bien les répartir dans le liquide. Faites chauffer au micro-ondes 4 à 5 mn à puissance maximale. Ajoutez le beurre et mélangez doucement. *Deuxième méthode.* Dans une casserole, portez à ébullition l'eau et le lait, retirez la casserole du feu. Salez et remuez. Laissez tiédir 2 à 3 mn pour obtenir la température idéale de la purée. Versez les flocons en une seule fois tout en remuant pour bien les répartir dans le liquide. Laissez gonfler quelques instants. Ajoutez le beurre et remuez doucement.

Liez délicatement la purée encore chaude avec le jaune d'œuf. Ajoutez la ciboulette, la muscade râpée et, si vous le souhaitez, aromatisez à l'essence de truffe.
Huilez les ramequins au pinceau. Tapissez le fond des moules de moitié de crabe, espelettez, recouvrez d'une bonne épaisseur de purée jusqu'à mi-hauteur du moule, disposez une couche de crabe et recouvrez de purée. Tassez légèrement.

Préparez la vinaigrette. Mélangez le sel, le vinaigre, l'huile et le poivre. Ajoutez les aromates.

Réchauffez les chaud-froid de patates au crabe 1 mn au micro-ondes ou 5 mn dans un bain-marie d'eau bouillante après avoir filmé les ramequins. Démoulez sur assiette individuelle, disposez un généreux cordon de vinaigrette d'herbes tout autour du chaud-froid et dégustez encore tiède.

TRUC CUISINE

Chaque semaine, nous devorons des yeux les images culinaires de Martine Albertin du **Madame Figaro.** *Son chaud-froid est réalisé avec du crabe du Chili pour remplacer feu le crabe Chatka, aujourd'hui introuvable. Le King crabe est composé de 45 % de pattes et de 55 % de chair. Il est d'un excellent rapport qualité prix. En vente chez Petrossian et tous leurs revendeurs.*

PANIER DE LA JOURNALISTE POUR 4 LECTEURS

1 sachet de purée Mousline nature (125 g)
50 cl d'eau
25 cl de lait
1 c à café de fleur de sel
10 g de beurre
1 jaune d'œuf
1 botte de ciboulette ciselée finement
2 pincées de noix de muscade
1 c à café d'huile d'essence de truffe blanche (facultatif)
huile d'arachide
4 ramequins en faïence de 8 cm de diamètre
1 boite de King crabe
4 pincées de piment d'Espelette

VINAIGRETTE

1 c à café de fleur de sel
1 c à soupe de vinaigre de Xérès
4 c à soupe d'huile d'olive
2 tours de poivre noir du moulin
3 c à soupe de cerfeuil haché
3 c à soupe de persil plat haché
10 g d'échalote hachée menue

NUTELLA

LE MATIN, QUELLE BONNE IDÉE ! ALORS, À VOS TARTINES ET BONNE JOURNÉE !

nom du produit *: Nutella pâte à tartiner aux noisettes, contenant du lait, du sucre et juste ce qu'il faut de cacao.*

conditionnement *: pot en verre muni d'un opercule en alu doré. Couvercle à vis en plastique blanc. Plusieurs formats : pot de 750 g, pots de 400 g et de 200 g en verre récupérable sans l'opercule doré.*

créateurs *: Pietro Ferrero.*

date d'origine *: En 1946, Pietro Ferrero s'installe à Alba dans le Piémont (Italie). Son premier succès : la pâte à tartiner à base de cacao, d'huile végétale et de noisette. 1966 implantation en France de la première usine à Villers-Ecalles.*

ingrédients *: sucre, huiles végétales, noisettes (13%), cacao maigre, lactose, lait écrémé en poudre (5%), protéines de lait, émulsifiant, lécitine de soja, arôme.*

fabricant *: Groupe italien familial Ferrero, 4e chocolatier mondial derrière Nestlé. Depuis son origine, en 1960, Ferrero-France est installé en région rouennaise.*

slogans *: « Nutella, 30 ans d'expérience feront toujours la différence », « Nutella un mot qui fond sur toutes les langues »!*

nutella

PANIER DE LA MÉNAGÈRE POUR 8 DÉPENDANTS

GANACHE

150 g de Nutella
150 g de chocolat amer fondu
1 œuf + 2 jaunes
20 g de sucre semoule
100 g de beurre fondu tiède

PÂTE SUCRÉE

150 g de beurre
95 g de sucre glace
30 g de poudre d'amande
1 g de fleur de sel
1 gousse de vanille fendue et grattée
1 œuf
250 g de farine type 45

Préparez la pâte sucrée. Homogénéisez le beurre, ajoutez le sucre glace, la poudre d'amande, la fleur de sel, les grains de vanille, incorporez l'œuf et la farine. À partir de ce moment, mélangez le moins possible de façon à garder une texture de pâte très fondante et très sablée. Stockez-la 1 h au frais sous film plastique.

Sur la plaque de cuisson du four, protégée d'un papier sulfurisé, abaissez à la main la pâte sucrée en la travaillant le moins possible dans un cercle de 2 cm de hauteur et de 26 cm de diamètre. Précuisez cette pâte environ 10 mn à 170° (th 4-5) recouverte d'un papier de cuisson avec des haricots dessus.

Préparez la ganache au Nutella en respectant l'ordre des ingrédients. Dès que la ganache est mélangée, coulez-la sur le fond de tarte. Glissez au four à 180° (th 6) pendant 10 mn. La surface de la tarte tiède a une texture de biscuit et son cœur est fondant et moelleux.

Dégustez cette tarte tiède avec un café expresso, un Banyuls ou un Saint-joseph rouge.

PANIER DE LA MÉNAGÈRE POUR 6 NUTELLAMANIAQUES

SIROP

160 g de sucre semoule
10 cl d'eau

POUR LA CRÈME

200 g de Nutella
1 œuf + 2 jaunes
1 c à soupe d'Arôme de café Malilé
1 c à soupe d'eau chaude
1 c à soupe de Nescafé Alta Rica
200 g de beurre
2 paquets de galettes de Pont-Aven (Traou Mad)
25 cl de café froid serré

Préparez le sirop. Dans une petite casserole, versez le sucre et les 10 cl d'eau. Portez à ébullition. Baissez le feu et laissez bouillir doucement. Lorsque le sirop est à point, c'est-à-dire 118° (quand vous en prenez un peu sur une pointe de couteau et que vous le trempez dans l'eau froide, il doit légèrement durcir tout en restant malléable), retirez-le du feu.

Préparez la crème au beurre café. Fouettez l'œuf et les jaunes tout en versant doucement le sirop en filet. Continuez à fouettez jusqu'à complet refroidissement de la préparation.
Mélangez l'arôme café, l'eau chaude et le Nescafé pour obtenir une infusion homogène. Ajoutez le beurre en pommade dans le mélange œuf/sirop et ajoutez l'infusion. Dans un bain-marie, à feu très doux, faites ramollir le Nutella dans le pot.

Posez un cercle de 4 cm de hauteur et 22 cm de diamètre sur une plaque revêtue de papier alu ; tapissez le fond de deux couches de galettes trempées dans le café froid. Versez dessus la moitié de la crème au beurre de café. Ajoutez deux couches de galettes trempées dans le café par-dessus, puis mettez 20 mn au frigo.

Versez la moitié du pot de Nutella, ou plus selon votre goût, sur la deuxième couche de galettes. Remettez au frais pour 20 mn. Attention la pâte à tartiner ne doit pas être trop chaud, sinon elle ferait fondre la crème au beurre.

Versez le reste de crème, lissez à ras et recouvrez-la à nouveau d'une couche de galettes très très légèrement imbibées de café froid puis joliment disposées sur le dessus. Placez 2 h au frigo. Décerclez le moka Nutella-café en passant autour du cercle une lame de couteau chaude.

Voici le témoignage exclusif d'une nutellamaniaque. La jeune femme commente sa dépendance à la fameuse pâte à tartiner à la noisette, elle nous raconte son expérience. Chloé démarre dans la vie active comme ingénieuse agronome. Cinq ans plus tard, malgré une carrière très prometteuse, le sort en décide autrement. Elle plaque tout par amour du Nutella.
« Je ne suis pas prête d'arrêter… »

Frédérick Ernestine Grasser, une experte, prend la parole : Mademoiselle Chloé D, comment vous préparez-vous psychologiquement lorsque vous mangez du Nutella ?

C. D. (dans le silence et le recueillement) : Tout d'abord, je dis, rangez vos petites cuillères. Ma façon préférée de consommer Nutella, c'est celle qui consiste à mesurer la profondeur du pot, une fois, deux fois, trois fois, car on n'est jamais sûr de la profondeur, alors on mesure à nouveau. Le problème, c'est que la profondeur change en permanence et que l'on est toujours obligé de recommencer.

F.E.G. : Chloé, vous ne dites pas comment vous mesurez la profondeur du pot de Nutella ?

C.D. : Oui ! En effet, ce n'est pas évident pour les novices : « Avec la lame d'un tartineur. » J'ai quelque chose d'essentiel à ajouter. Il est absolument fon-da-men-tal de ne jamais mettre le Nutella dans le frigo, jamais. Car en effet le Nutella doit être liquide, onctueux, facile à étaler, à lécher, c'est là tout le plaisir.

F.E.G. : À votre avis, le Nutella est-il toujours le même ?

C.D. : Une étude récente fondée sur mon expérience personnelle a prouvé que Nutella a des qualités différentes en fonction des pays. Le Nutella allemand est différent du Nutella français qui lui-même est différent du Nutella américain. Cela fait 33 ans que des marques diverses essaient d'imiter le Nutella mais le Nutella est inimitable et le consommateur ne peut être trompé. Le Nutella est le Nu-tel-la et le restera.

F.E.G. : Pensez-vous être comprise par vos proches, on a l'impression que vous êtes sous l'emprise d'une obsession métaphysique ?

C.D. : Une obsession métaphysique ? Mais pas du tout, c'est tout simplement bon. C'est un véritable bonheur d'en consommer, d'en acheter, de le soigner, de le mettre bien tempéré dans son placard, de tenir un inventaire rigoureux pour ne pas en manquer.
Obsession ! Franchement, je ne vois pas. Le Nutella ne devient une obsession que lorsque l'on est vraiment en manque, que l'on est rationné. Régulièrement, regardez dans les magasins locaux, pour voir si par hasard un arrivage de cette substance divine n'aurait pas échoué sur les gondoles des grandes surfaces. Nutella je t'aime, un petit peu, beaucoup, passionnément, à la folie...

F.E.G. : Merci, Chloé !

JR (J'en Reveux) : Nutella est présent dans 2 foyers sur 3. Cette petite affaire représente au bas mot 130 pots vendus à la minute, soit près de 2 à la seconde. 803 millions de pots vendus en l'espace de 33 ans, rien qu'en France. Quand l'histoire d'une marque épouse celle d'une génération, ça débouche sur une superbe expo présentée en 1996 au Carrousel du Louvre. Pourquoi et à quel titre ? direz-vous. Pour fêter la « Génération Nutella », la Guitoune, une compagnie de théâtre spécialisée dans les machines à rêver, a cogité « La machine à tartiner le Nutella ».

Imaginez : une raclette puise sa dose dans un pot de Nutella, pivotant et étalant la pâte à tartiner, à chaque passage du chariot à pain. La tartine nutellée termine sa course au ralenti, franchit le rideau du théâtre pour régaler son public, impatient et fasciné.

MOI, J'EN MANGE À LA CUILLÈRE ET C'EST GRAVEMENT BON. CERTAINS EN BOURRENT DES PANINI. ISABELLE GIORDANO, MADAME CINÉMA À CANAL, CONFESSE QUE, PENDANT SA GROSSESSE, C'ÉTAIT SUR DU PAIN BAGUETTE QU'ELLE S'EN TARTINAIT DES COUCHES.

nom du produit : *Orangina, boisson gazeuse à base de jus et de pulpe d'orange minutieusement sélectionnés.*

conditionnement : *Bouteille de verre de 25 cl, ronde et ventrue rappelant la peau d'une orange, chapeautée d'une capsule bleue métallique, dentelée, illustrant tout l'imaginaire d'Eluard : la Terre est bleue comme une orange.*

créateur du produit : L*e Docteur Trigo Mirallès, pharmacien de Valence, présente à la foire de Marseille de 1935 « Naranjina » (petite orange en espagnol), la boisson qu'il vient d'inventer, à base de jus et de pulpe d'orange. Léon Béton, pour développer le commerce des oranges à Boufarik, lui rachète un an plus tard le brevet et son concept. Rebaptisée Orangina et développée par Jean-Claude Béton, président fondateur, la petite bouteille ronde est vite célèbre dans toute l'Algérie.*

ÇA NOUS PULPE

fabricant : *Depuis 1984, Orangina est dans le groupe Pernod-Ricard. La substantifique moelle, le concentré Orangina, est fabriquée à Signes dans le Var au C.E.C.O. (Centre d'Élaboration des concentrés Orangina) pour l'ensemble du monde. Trois sites assurent la production, La Courneuve en Seine-Saint-Denis, Fegersheim dans le Bas-Rhin et Meyzieu® dans le Rhône.*

ingrédients : *Eau gazéifiée, jus concentré d'orange et autres agrumes (12% en jus), sucre, pulpes d'orange (2%), extraits de zeste d'orange, conservation par pasteurisation.*

signes particuliers : *« La pulpe qui lui colle à la peau ». De ce handicap, Jean-Claude Béton, président fondateur, fera un atout : « Avant d'apprécier Orangina, il faut secouer la bouteille pour bien mélanger la pulpe. » Orangina doit aussi son succès à une écorce d'orange dessinée en 1953 par Bernard Villemot, qui devient immédiatement le logo Orangina. La marque : au nom du fruit. La forme : celle que l'orange lui a donnée. Le secouement : un geste communicatif.*

slogans publicitaires : *« Secouez-moi, secouez-moi », « Il faut bien secouer Orangina sinon la pulpe elle reste en bas ». Orangina inaugure en 1993 sur NRJ les « Flash Music O-ran-gi-na ». Le secouement sera abandonné au profit du concept « Ça nous pulpe ». Il propose aux ados le modèle de « l'american way of life » avec le « soft drink sudiste à la sensualité pulpeuse ». Orangina est le premier annonceur à sponsoriser avec TF1 une musique et la danse qui l'accompagne, rappelez-vous la Lambada (3,5 millions d'albums)…*

ORANGINA

PANIER DE LA MÉNAGÈRE
POUR 4 AVENTURIERS

7 cl d'Orangina
6 endives d'environ 100 g chacune pour un plat ovale de 30 cm
1 c à soupe d'huile d'olive vierge
16 filaments de zestes d'orange
1 g de sel fin
1 c à soupe de poivre vert de Madagascar
2 pincées de sucre roux (cassonade)
1 c à café rase de vinaigre blanc

Enlevez les premières feuilles des endives, ôtez les trognons, cuisez les endives à la vapeur 15 mn dans le haut du couscoussier. Préchauffez votre four à 210° (th 7). Dans le plat ovale huilé disposez les endives côte à côte. Répartissez sur celles-ci 8 filaments d'orange. Salez, ajoutez le poivre vert, assaisonnez d'une première pincée de sucre roux. Mouillez avec 3,5 cl d'Orangina.

Enfournez les endives aux sucs d'Orangina. Ne pas secouer. Laissez dorer le temps que le liquide réduise. Après 20 mn de cuisson, lorsqu'il n'y a presque plus de liquide, que les sucs attachent aux parois, déglacez au vinaigre pour acidifier le jus. Retournez les endives sur l'autre face, mettez le restant des filaments et la seconde pincée de sucre. Glissez au four à nouveau pour laisser évaporer le vinaigre et ajoutez les 3,5 cl d'Orangina restant. Laissez réduire le temps que les endives caramélisent, comptez encore 20 mn après avoir retourné les endives. Baissez le four à 200° (th 6-7), voir 180° (th 6) selon votre appréciation. Vérifiez que le jus ne brûle pas. En revanche, il doit être sirupeux : ce sera le signe du point final.

TRUC CUISINE

Secouez vos idées reçues ! Les endives à l'Orangina sont épatantes. Mangez-les seules ou avec des viandes blanches : veau, poulet, porc… Ça marche aussi avec du gibier ou carrément avec du poisson. C'est à la fois « sucré » comme il le faut, « relevé » mais sans plus.

SKETCHES

ORANGINA… *PULPE FICTION.*
UN MARKETING DYNAMIQUE ET INNOVANT,
UNE COMMUNICATION DRÔLE,
ORANGINA APPARAÎT TOUJOURS LÀ OU PERSONNE NE L'ATTEND.
LA SAGA PUBLICITAIRE DÉMARRE AVEC DES GRANDS NOMS DU CINÉMA, DE LA PUB ET DE LA CHANSON :
JEAN-JACQUES ANNAUD,
MICHEL BERGER, PIERRE ETAIX,
JEAN-PAUL GOUDE,
CARLOS SAURA,
JEAN-BAPTISTE MONDINO,
LE GRAND SERGE GAINSBOURG,
ALAIN CHABAT, JHOAN CAMITZ…
LEURS IMAGES PORTENT LE SECOUEMENT À UN DEGRÉ D'HUMOUR ET D'AUDACE ENCORE JAMAIS ATTEINT.

PANIER DE LA MÉNAGÈRE ASIATE POUR 4

LAQUE CHINOISE

20 cl d'Orangina
2 badianes (anis étoilé)
1 bâton de cannelle de 5 cm
4 grains de cardamome
10 grains de poivre Sichuan
2 clous de girofle
1 bâton de réglisse (pharmacie)
1 sachet de 50 g de glucose (pharmacie)
25 g de vinaigre noir chinois à défaut de vinaigre de vin vieux
25 g de sauce d'huîtres
50 g de ketchup Heinz
10 cl de sauce soja
1 gros zeste de citron de 5 cm
1 gros zeste d'orange de 5 cm

GARNITURE

50 g de kumquats
1 noix de beurre

VOLAILLE

4 magrets de canard sous vide (700 g)
2 pincées de fleur de sel
4 tours de poivre noir du moulin

Préparez la laque noire. À l'aide d'un marteau, concassez les épices dans un linge (anis, cannelle, cardamome, setchuan, girofle, réglisse). Torréfiez à sec les épices à la Téfal pendant 3 mn. Ajoutez aux épices tous les éléments de la laque chinoise, portez celle-ci à ébullition dans une casserole, laissez bouillir à feu doux environ 5 mn. Réduire la laque à consistance sirupeuse, laissez macérer, réservez à température ambiante.

Pochez les kumquats dans une grande casserole remplie d'eau bouillante. Au bout de 2 mn d'ébullition, jetez la première eau de cuisson, recommencez cette opération 2 fois pour ôter l'amertume des agrumes. Dans la dernière eau laissez bouillotter les kumquats 6 mn. Goûtez-en un pour vérifier que la peau est ramollie. Rafraîchissez-les puis égouttez-les.

Quadrillez d'incisions le gras de la peau des 4 magrets de canard, salez et poivrez. Badigeonnez de laque chinoise chacun d'eux, côté peau. Poêlez les magrets côté peau, badigeonnez une dernière fois au pinceau la peau raidie. Cuisez les magrets au choix : saignant, rosé ou à point. Réservez dans un four très chaud côté chair pour teminer la cuisson. Dans un sautoir, faites rissoler les kumquats dans un fond de laque allongé de 2 cuillères à soupe d'eau afin qu'ils caramélisent et liez avec une noix de beurre.

Tranchez les magrets de canard laqués à l'Orangina, dressez-les sur assiettes avec les kumquats. Agrémentez de ficoïde glaciale, ou herbe à glace. Originaire du cap de Bonne-Espérance, cette salade a des tiges tendres, transparentes, ayant l'aspect de gouttelettes d'eau givrée. On la trouve même dans les hyper-super-maxi-tout.

PANIER DE LA MÉNAGÈRE POUR 4

SABAYON

25 cl d'Orangina
3 jaunes d'œufs
150 g de beurre
1 pincée de sel fin
3 tours de poivre noir du moulin
1 pincée de cardamome verte en poudre
le zeste d'une moitié d'orange
1 cuillère à café de vinaigre blanc

24 asperges vertes de calibre identique (22 mm)
1 poignée de sel gros

Épluchez les asperges ; sectionnez la partie ligneuse – le bon endroit c'est là ou l'asperge se casse naturellement sans résister. Mettez les asperges en botte, plongez-les dans une très grande marmite d'eau bouillante salée. Comptez 7 mn environ pour cuire les plus grosses *al dente*. Vérifiez leur tendreté avec la lame d'un couteau. Rafraîchissez les asperges dans de l'eau glacée, elles doivent rester fermes, épongez-les sur du papier absorbant.

Préparez le sabayon. Mettez les jaunes dans une casserole. Faites bouillir l'Orangina, versez-en un fond pour détendre les jaunes, puis ajoutez le restant en une fois. Travaillez ensuite le sabayon au bain-marie : fouettez énergiquement la sauce jusqu'à ce que le mélange soit mousseux et onctueux. En final, incorporez le beurre en petits morceaux. Salez, poivrez et assaisonnez de la cardamome et du zeste. Ajoutez le vinaigre blanc. Le sabayon est à point quand il est soyeux et léger, léger. On peut le faire à l'avance. Maintenez-le alors dans un bain-marie au chaud.

Présentez les asperges sur un plat de service recouvert d'un linge. Servir le sabayon à l'ooooo-ran-gi-na en saucière.

TRUC CUISINE

Un sabayon est une crème chaude très mousseuse où le vin remplace le lait. Dans la recette du chef Patrice Hardy, c'est Orangina qui tiendra ce rôle. L'asperge verte est tendre et délicieuse, elle apprécie les sauces crémeuses. Néanmoins, rien de vous empêche de les préférer blanches ou violettes, c'est juste une question de rayons de soleil. Il s'agit de toute façon de la même variété. Éplucher n'est plus une corvée ! Faites-vous offrir l'éplucheur à asperges malin, il enserre et pèle l'asperge en un tour de main, ou alors une brosse à gratter à manipuler dans le sens du poil.

nom du produit : *Panzani, Spaghetti Qualité Or, tenue parfaite à la cuisson.*

conditionnement : *en paquet cellophane de 500 g, avec ouverture facile, aux couleurs rouge et verte de l'Italie, qui précise « la cuisson comme vous l'aimez » : ferme – 6 mn ;* al dente *– entre 7 et 9 mn ; fondante – 10 mn.*

créateur du produit : *Monsieur Panzani.*

OUI MAIS DES PANZANI !

fabricant : *Panzani William Saurin. En 1941, Jean Panzani créé la première fabrique de pâtes fraîches à Niort. Au sortir de la guerre, les habitudes alimentaires des français sont en train de changer, et Jean Panzani a l'idée de leur faire découvrir les pâtes à grande échelle : en 1950, le premier paquet de pâtes industrielles est vendu sous cellophane. Cet emballage le distingue de la concurrence qui commercialise la pasta dans des boîtes métalliques ou en carton.*

ingrédients : *100 % semoule de blé dur de qualité supérieure*

slogans : *L'imitateur-acteur André Aubert porte la bonne parole de Don Patillo pour Panzani depuis plus vingt ans. Il parodie le rôle mythique de Don Camillo immortalisé par Fernandel. Don Patillo le saint homme n'a qu'un seul péché : les pâtes, les pâtes… « Seigneur, ce ne sont que quelques pâtes », confesse-t-il. « Oui, mais des Panzani ! », répond Dieu.*

PANZANI

Frittata de spaghetti d'ernestine

PANIER DE LA MÉNAGÈRE DANS SON HYPER-SUPER-MAXI-TOUT POUR 6

250 g de spaghetti Panzani
1 boîte de spaghetti napolitains Panzani de 400 g
80 g de parmesan râpé
10 g de gros sel par litre d'eau
2 c à soupe d'huile d'olive vierge
3 gousses d'ail pressées
50 g d'oignon haché fin
7 brins de persil plat haché
5 feuilles de basilic ciselé
sel fin de table
poivre blanc moulu
3 œufs

Coupez les spaghetti en morceaux d'une longueur de 5 cm. Cuisez-les *molto al dente* , c'est-à-dire 3 mn de moins que le temps prescrit sur le paquet, à l'eau bouillante salée. Rafraîchissez-les à l'eau froide, égouttez-les dans une passoire et graissez-les avec l'huile d'olive.

Tapissez le fond de la sauteuse Téfal avec 40 g de parmesan. Versez dessus les spaghetti cuits. Ajoutez l'ail, l'oignon, les herbes hachées, salez et poivrez. Laissez cuire à découvert pendant 7 mn à petits frémissements. Battez les œufs, salez un peu. Versez-les sur les spaghetti, remettez à cuire sur feu moyen à couvert avec le restant de parmesan.

Quand la frittata est parfaitement dorée, la retourner d'un geste preste sur un plat de service. Coupez-la comme une tarte, elle se mange chaude ou froide. C'est un flagrant plaisir.

TRUC CUISINE

Pourquoi des spaghetti secs mélangés à des spaghetti en boîte, me direz-vous ? Uniquement pour le crousti-fondant et le « smooth » au milieu. De plus, pas besoin d'ajouter quoi que ce soit à la recette : tout est dans la Napolitaine de Panzani. Alors, convaincu ?

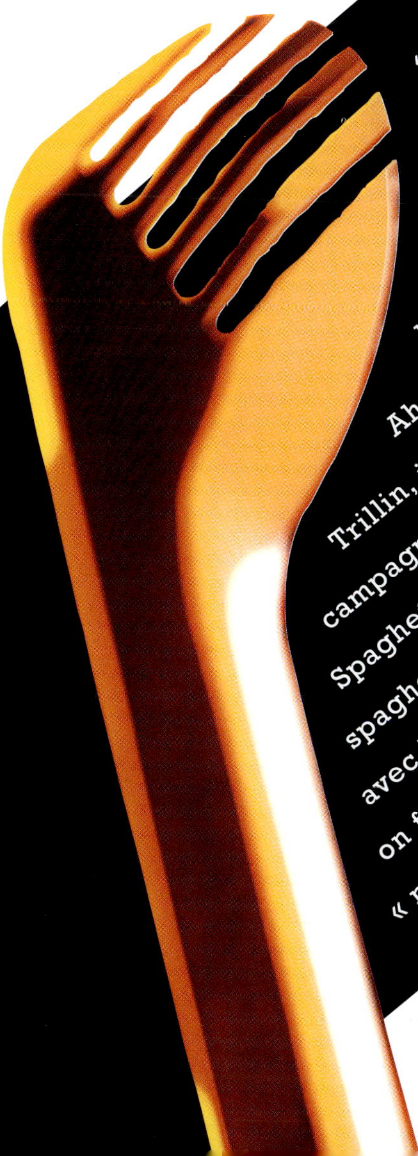

« Bénies soient... les pâtes. » C'est le prêchi prêcha de Don Patillo dans son livre. Entrez en religion avec ce saint bonhomme, péchez comme lui avec ses recettes, succombez à sa tentation ; c'était la bonne parole prêchée par Oscar Wilde : la meilleure façon d'y résister, c'est d'y céder. Pas vrai !?

Ah ! Ces Américains, ils sont incroyables. En 1983, Calvin Trillin, journaliste new-yorkais écrit *Third helpings* et lance une campagne pour que l'on change le « Thanksgiving Day » en « National Spaghetti Carbonara Day ». Ils ont tellement englouti de spaghetti que l'on pourrait faire neuf cents fois le tour de la terre avec la quantité avalée. Du coup, chaque année, aux États-Unis, on fête le « Yankee Noodle Dandy » au mois de mars, décrété « mois national de la Nouille ».

PANIER DE LA MÉNAGÈRE POUR 6 AUDACIEUX

SORBET AUX FRAISES

600 g de fraises
2 c à soupe de jus de citron
100 g de sucre semoule

JUS DE FRAISE

500 g de fraises équeutées
50 g de sucre semoule
le jus d'un demi citron

300 g de spaghetti Panzani
2 c à soupe d'huile d'olive
160 g d'eau
1 pincée de fleur de sel
320 g de jus de fraise

CRÈME DE MASCARPONE

100 g de mascarpone
4 cl de lait frais entier
10 g de sucre semoule

DÉCOR

160 g de fraises
1 petite bouteille de vinaigre balsamique
poivre noir

Les composantes de la recette peuvent être préparées la veille.

Achetez 1 litre de sorbet aux fraises ou préparez le sorbet aux fraises. Équeutez les fraises et mixez-les avec le jus de citron dans le bol du robot-ménager équipé de la lame en inox : vous devez obtenir un demi-litre de purée de fraises. Ajoutez-y le sucre, mélangez jusqu'à ce qu'il fonde et faites glacer en sorbetière. Servez ce sorbet froid mais pas trop ferme pour mieux apprécier la saveur des fraises.

Jus de fraises. Versez les fraises dans un saladier avec le sucre et le jus de citron, couvrez-le d'un film alimentaire et posez-le dans un bain-marie à feu doux. Laissez cuire 1 h. Retirez le saladier et filtrez le sirop de fraises. Vous pourrez conservez les fruits cuits pour aromatiser du fromage blanc, des yaourts ou les servir tel quel en guise de compote au petit déjeuner.

Dans une sauteuse, faites « nacrer » les pâtes à sec dans l'huile d'olive pas trop chaude, ajoutez l'eau, la fleur de sel ; laissez cuire quelques minutes, puis mouillez avec le jus de fraise, poursuivez la cuisson de façon à les cuire *al dente* ; versez-les dans une passoire pour les égoutter ; laissez refroidir. Gardez-les au frais.

Crème de mascarpone. Détendez le mascarpone avec le lait puis ajoutez le sucre. Gardez au frigo.

Équeutez les fruits, coupez-les en deux et disposez-les en couronne à plat contre le rond intérieur de l'assiette.
À l'aide d'une fourchette, enroulez 50 g de spaghetti et disposez-les à l'intérieur de la couronne de fraises ; déposez une belle quenelle de sorbet au cœur du nid des spaghetti et dessinez autour de celui-ci un cordon de crème de mascarpone. Aspergez de quelques gouttes de basalmique sans oublier quelques tours de poivre du moulin.

C'est un dessert qui se mange froid.

TRUC PÂTISSERIE

c'est purement et simplement une transposition sucrée des spaghetti à la tomate. Une recette surprenante. Pendant la dernière guerre, les Italiens manquant de tout, mais pas de fraises, ont eu l'ingénieuse idée de remplacer les tomates par des fraises ayant les mêmes vertus gustatives.

terrine de nouilles, yankee style

Préparez la gelée. Trempez les feuilles de gélatine 3 mn à l'eau froide, essorez-les. Réchauffez le coulis de tomate 2 mn au micro-ondes, ajoutez la gélatine au coulis chaud, mélangez au fouet, réservez 30 mn au frigo, lorsque la gelée est refroidie.

Préparez les meatballs. Dans le bol du robot-ménager, mettez la viande hachée, les oignons et l'ail. Salez, poivrez, pimentez, tabascotez, ajoutez le cumin et pulsez. Façonnez dans la paume de la main de petites boulettes. Faites rissolez les meatballs à feu vif à point dans une Téfal huilée et réservez.

Ouvrez les boîtes de spaghetti napolitains, réservez-les dans leur boîte. Cuisez les spaghetti *al dente* et égouttez-les et tapissez le fond d'une terrine rectangulaire en alu d'1 l ou 1,5 l. Recouvrez d'une demi-boîte de spaghetti napolitains, versez un peu de coulis à hauteur et mettez à figer 15 mn dans le compartiment congélo du frigo.
Disposez une rangée de boulettes côte à côte. Versez du coulis à hauteur des meatballs, remettez la terrine au congélo 15 mn.
Versez le restant des spaghetti de la première boîte. Remettez 15 mn au congélo. Tapissez la terrine d'une botte de coriandre hachée. Versez sur le tapis d'herbe un peu de coulis sans le noyer. Remettez au congélo. Recommencez chacune des opérations de manière à terminer par les spaghetti. Mettez une nuit au frigo avec un poids. La terrine de spaghetti *Yankee style* se mange froide avec une vinaigrette au cerfeuil.

PANIER DE LA MÉNAGÈRE US GO HOME POUR 8

70 g de spaghetti Panzani
2 boîtes de spaghetti napolitaine Panzani
2 bottes de coriandre fraîche hachée

MEATBALLS

200 g de viande hachée certifiée française (15% matière grasse)
30 g d'oignon fane haché finement
15 g d'ail pressé
1 g de sel fin
7 tours de poivre noir du moulin
2 pincées de piment doux
5 giclées de Tabasco
1 c. à café de cumin
1 c à soupe d'huile d'olive

GELÉE

5 feuilles de gélatine
1 pack de coulis de tomate

VINAIGRETTE AU CERFEUIL

1 botte de cerfeuil haché
2 c à soupe de vinaigre
6 c à soupe d'huile d'olive
sel fin
poivre noir du moulin

nom du produit : *Savora, condiment aux 11 aromates. Au goût inclassable, Savora est à la fois sucré et salé, subtil et épicé, très légèrement piquant.*

conditionnement : *Flacon de verre de forme parallélépipèdique, coiffé d'une capsule bordeau très caractéristique. Ce flacon représente vraiment l'élément de reconnaissance du produit. Le graphisme de l'étiquette a évolué au fil du temps mais a toujours conservé les codes couleur de la marque : bordeau (carmin sombre) et or. Il existe 2 formats de pot : 190 g et 385 g.*

LE CONDIMENT AUX 11 AROMATES

créateur du produit : *Savora a été inventée en 1899 par la Société anglaise Reckitt & Colman. En 1964, AMORA achète la licence à Reckitt & Colman, et distribue Savora en France et dans les DOM-TOM (Reckitt & Colman se réservant le reste du monde).*

fabricant : *Amora-Maille. 48, quai Nicolas Rolin 21000 Dijon*

ingrédients : *Vinaigre de malt, eau, graines de moutarde, farine de blé, vinaigre d'alcool, sucre, sel, miel, épices et aromates, conservateur E 224. C'est une recette savoureuse au goût inimitable, né du savant et mystérieux mélange de 11 aromates : cannelle, curcuma de Madras, miel « mille fleurs », ail, estragon, vinaigre de Malt, céleri, muscade d'Indonésie, moutarde du Canada, piment de Cayenne, girofle.*

La moutarde me monte au nez. Savora ne serait pas une moutarde mais un condiment ? Retournez le bocal dans tous les sens, aucune trace apparente de moutarde, exception faite de quelques graines ; ah, le choc !

slogans publicitaires : *« Savora, les bonnes choses ne changent pas », « Savourez la savoureuse Savora », « Savora... le condiment de choix des gourmets ». Une réclame des années 1920 : deux élégantes papotent. « Ma chère, je croyais que vous aviez un chef ! – Non, j'ai simplement découvert Savora. »*

sa
vo
ra

PANIER DE LA MÉNAGÈRE GOURMANDE POUR 8

5 c à soupe de Savora
1 rouleau de Croustipâte prête à l'emploi feuilletée ou brisée
1 moule à tarte ordinaire ou à revêtement anti-adhésif
1 pinceau
250 g de gruyère
100 g de lardons fumés allumette
4 tomates moyennes en rondelles
sel de Guérande
poivre blanc du moulin
2 cl d'huile d'olive

Étalez Croustipâte dans le moule à tarte légèrement graissé si vous n'utilisez pas un moule à revêtement anti-adhésif. Piquez le fond et les bords à la fourchette. Étalez généreusement la Savora à l'aide du pinceau sur le fond sans oublier les côtés.

Détaillez le gruyère en lamelles, disposez-les sur le fond de pâte et parsemez de lardons préalablement blanchis à l'eau bouillante. Recouvrez des rondelles de tomates, salez, poivrez généreusement et arrosez la préparation d'un filet d'huile d'olive.

Enfournez le moelleux à la Savora à 210° (th 7) pendant 30 à 40 mn.

TRUC CUISINE

Je vous le dis, Croustipâte est le produit de service pur beurre qui flatte votre esprit créatif. Dans votre frigo, ayez toujours les feuilletés indispensables à l'apéritif comme aux desserts. Ne rougissez plus en déballant votre « kit pizza », élu produit de l'année, un foudroyant concept pour les cuisinières pressées. Surprenez vos convives avec « Croustipains », 6 petits pains aux céréales frais prêts à cuire. Pour ceux qui auraient encore quelques préjugés, se reporter au chapitre Tupperware.

gougères à la savora

TRUC CUISINE

C'est une recette d'Alain Passard, chef de l'Arpège. Avec grâce, l'ingénieux cuisinier joue de la moutarde jusqu'à l'extravagance.

Confectionnez une recette de bonne pâte à choux. En fin de pétrissage, ajoutez la Savora et la moutarde selon votre goût. Façonnez et cuisez les choux normalement.

Servez à l'apéritif.

Conseil de la cuisinière : Pour les amateurs confirmés, à l'aide du piston à décorer, j'injecte dans les gougères prêtes à servir une pointe de Savora crue pour renforcer le goût.

PANIER DE LA MÉNAGÈRE POUR UN TÊTE-À-TÊTE

2 c à soupe de Savora
1 c à soupe de moutarde de Dijon (au goût)
pâte à choux

PANIER DE LA POISSONNIÈRE POUR 2 PÊCHEURS

4 sacs de 500 g (soit 2 litres de moules) prêtes à l'emploi
1/2 botte de persil plat haché fin
1/2 botte de cerfeuil haché
1/2 botte de fines herbes ciselées fin

MARINIÈRE

3 c à soupe de Savora
25 cl de cidre sec
25 cl de crème liquide
75 cl de bouillon Maggi poule filtré
1 petite pincée de fleur de sel
2 pincées de poivre de Cayenne

LES AROMATES DE LA MARINIÈRE

30 g de beurre doux
100 g d'oignon haché finement
1 blanc de poireau émincé
1 cœur tendre de céleri branche émincé finement

Les moules sont prêtes à l'emploi (suivez la notice !). Passez-les moules juste cuites sous un robinet d'eau fraîche. Lavez, ciselez les aromates et réservez-les.

Dans une grande marmite, mettez le cidre et la crème, ajoutez le bouillon, salez très légèrement et poivrez. Chauffez la marinière à petit frémissements. Prélevez 3 cuillères à soupe de marinière chaude afin de détendre la Savora dans un bol, remettez le mélange dans le bouillon crémé.

Dans le beurre, faites suer les oignons, le poireau et le céleri, chauffez 3 mn, rectifiez l'assaisonnement si nécessaire. Incorporez les aromates à la marinière.
Plongez les moules dans la crème d'herbes parfumées, réchauffez-les très rapidement et mangez aussitôt.

Pour dégustez toute la marinière de moules à la Savora bien chaude, prélevez de temps en temps deux louches de marinière, la réchauffer au micro-ondes et la verser sur les moules.

glace à la savora

Truc cuisine

Cette glace m'a été inspirée par celle à la moutarde d'Alain Passard. Ma glace à la Savora, c'est une anglaise sans sucre. Là est toute la différence.

Panier de la ménagère pour 8

100 g de Savora
0,5 l de lait entier
50 cl de crème liquide
10 jaunes d'œufs
30 g de moutarde forte de Dijon Amora
5 g de sel fin

Mélangez le lait et la crème et portez à ébullition. Dans une jatte, fouettez les œufs, la Savora, la moutarde forte et le sel, versez le liquide chaud, remuez sans cesse au fouet sachant que la température optimale à atteindre ne doit pas excéder 86°C.

Mettez à refroidir rapidement dans un bain-marie d'eau glacée, fouettez 2 mn pour foisonner la glace à la Savora et mettez en sorbetière quand l'appareil est froid, turbinez la glace par demi-litre selon les indications de votre appareil.

À l'aide d'une petite cuillère à café passée sous l'eau chaude, façonnez de petites quenelles de glace à la Savora. Remplissez des petites tasses de vinaigrette de tomates à la vraie tomate et immergez deux ou trois quenelles de glace à la Savora selon la taille du contenant.

Vinaigrette de tomate à la vraie tomate. Mettez les ingrédients directement dans la cuve du robot-ménager : 400 g de tomates coupées en quartiers, 2 pincées de piment d'Espelette, 1 gousse d'ail moyenne, 3 g de sel fin, 2 pincées de poivre noir concassé (mignonnette), 3 cuillères à soupe de vinaigre de vin vieux bien corsé, 2 traits de vinaigre blanc (les tomates en redemandent), 4 cl d'huile d'olive : turbinez 3 mn environ, filtrez à la passoire pépins et peaux, remuez bien le mélange et conservez 2 h au frigo.
Détaillez en très petits dés 1/2 concombre, tapissez-en le fond de 8 tasses à thé et répartissez la vinaigrette de tomate. A l'aide d'une cuillère à café, façonnez de petites quenelles de glace Savora, les plongez dans la vinaigrette et dégustez sans attendre.

nom du produit *: Tabasco, dans un dialecte des Indiens du Mexique, signifie « terre humide ». Le Tabasco est une sauce pimentée 100 % naturelle, contenant 0% de matière grasse, à base de piments rouges « Capsicum fructescens ». Capsicum est le genre de la plante et fructescens, le nom de l'espèce.*

conditionnement *: La légendaire petite bouteille de verre de 14 cm de haut contient 57 ml d'élixir. Elle est chapeautée d'un bouchon à vis en plastique rouge. Depuis 1868, date de sa création, la forme générale de la célèbre bouteille de Tabasco est restée identique.*

créateur du produit *: En 1868, Edmund McIlhenny créé une sauce pour assaisonner ses repas, il utilise le fameux Capsicum en lui ajoutant juste du vinaigre et du sel des mines d'Avery, dont il est également propriétaire.*

Depuis 1868 la recette reste inchangée. McIlhenny envoie 350 bouteilles de Tabasco à des fournisseurs d'épiceries ; l'année suivante, des milliers de commandes affluent. Ce piment en provenance du Mexique a été cultivé aux États-Unis par un banquier blanc de Louisiane : Mansell White qui importa les graines de « Tabasco » et les offrit à Edmund qui les planta dans un endroit appelé Avery Island en Louisiane.

TABASCO®
THE BRAND PEPPER SAUCE

fabricant *: Tabasco est une marque déposée de McIlhenny Company à Avery Island, Louisiane, et distribuée en France par Amora Maille, Dijon. Plus tard, en 1890, John McIlhenny, après la disparition de son père reprendra la direction de la société qui demeure jusqu'à aujourd'hui une affaire familiale, traditionnelle et qui a toujours repoussé toute tentative de rachat.*

processus de fabrication du produit *: Les piments rouges sont récoltés et sélectionnés pour ne conserver que les plus mûrs, bien rouges. Les piments sont ensuite broyés avec du sel de l'île d'Avery (la mine est toujours exploitée) afin d'être transformés en une purée de piments rouges. Cette purée est ensuite mise en fermentation pendant 3 ans dans des fûts de chêne pour maturer, tout comme le vin. On y ajoute ensuite le vinaigre. La sauce ainsi obtenue est lentement mélangée durant 4 semaines à l'aide de pales en bois, puis filtrée et mise en bouteille*

ingrédients *: Vinaigre, piments rouges, sel.*

TABASCO
SAUCE BRAND PEPPER
TABASCO
BRAND PEPPER
BRAND PEPPER

crème suave de raifort au tabasco

PANIER DE LA MÉNAGÈRE POUR 4

1 c à soupe de Tabasco
80 g de radis
3 oignons blancs nouveaux
1/2 botte de ciboulette
1/2 botte de cerfeuil
15 cl de crème liquide au frigo 2 h avant
1,5 c à soupe de raifort nature
sel
poivre du moulin
1 c à café de muscade râpée

Lavez et coupez les radis en fines rondelles. Hachez finement le blanc des oignons, ciselez le vert tendre des fanes, ciselez la ciboulette, hachez le cerfeuil au couteau et réservez.

Montez la crème liquide à l'aide d'un batteur électrique afin de lui faire prendre corps. Dès que la crème est consistante (attention, pas en chantilly), arrêtez de fouetter. Ajoutez le raifort, le Tabasco, le sel, le poivre, la muscade, incorporez les herbes, les radis et les oignons et fouettez au fouet à main.

Cette sauce accompagne parfaitement les poissons pochés ou cuits à la vapeur, ou même grillés.

TRUC CUISINE

Le raifort n'a rien à voir avec le radis noir. C'est une plante annuelle au joli feuillage vert clair nuancé, dont on mange la racine. C'est un condiment que l'on déguste dans les cuisines de l'Est. Nature, sa force est puissante et titille les narines comme une moutarde forte. En Allemagne, on lui donne le surnom de moutarde des Allemands ou moutarde des Capucins.

haddock à la créééôôle

Uncle Ben's au micro-ondes !

PAN-NIÉ POU 6 MÉTROS

1 kg de haddock fumé
(1/2 filet entier environ)
1/2 l de lait demi écrémé
1 c à soupe d'huile d'olive

GARNITURE

1 c à soupe de Tabasco
5 cl de jus de citron
280 g de tomates concassées
280 g de poivron jaune à défaut vert en lamelles
80 g d'oignon émincé gros
7 feuilles de basilic ciselées
1 g de sel fin
(le poisson est salé)
5 tours de poivre noir moulu gros
1 g de safran en poudre
2 c à soupe d'huile d'olive

2 h avant, faites ramollir les chairs du haddock dans le lait. Puis épongez-le sur un papier absorbant, coupez-le en deux sur l'arête centrale, tronçonnez des morceaux d'une épaisseur de 3 cm.

Préchauffez le four à 200° (th 6-7). Disposez le haddock dans un plat ovale huilé, assaisonnez de Tabasco, du jus de citron, recouvrez-le des légumes et des aromates de la garniture, salez à peine, poivrez, et safranez, ajoutez l'huile et passez au four 10 à 12 mn.

Pour les jours de gala, servez un Uncle Ben's à la créééôôle cuit au micro-ondes (voir recette du riz page 202), c'est plus élégant qu'une ragougnasse classique.

TRUC CUISINE

« Fanm'la ka cuit mangé byen ». En langage métro, cette femme-là fait vraiment bien la cuisine. Ma copine Suzy Palatin est **Gourmande et Créole**, *c'est aussi le titre de son dernier livre. Lorsque la Palatin prépare sa ragougnasse de poisson pays, elle ne s'embarrasse pas : elle balance tout dans la gamelle : le poisson en morceaux, le riz ; elle envoie une salve de piment bondaman jack et ajoute du bouillon Maggi. Goutez avec un Orangina bien frais. N'oubliez pas : « Bizin bien secouer Orangina sinon bonne boute z'orange la pou reste en bas » dit la marque en Créééôôle !*

les 3 S de betty

Sweet and Sour Sauce

Panier de Betty à Londres pour 6 frenchies

1 c à soupe rase de Tabasco
1 Kub Maggi
1/2 jus de citron
3 traits de vinaigre blanc
40 g de sucre semoule
5 c à soupe de ketchup nature Heinz
1 c à soupe de concentré de tomate
1 c à café de sel fin
poivre noir en grains
2 c à soupe d'huile d'olive

Au micro-ondes, faites fondre le kub Maggi 2 mn dans 1 dl d'eau ou, à défaut, diluez-le dans de l'eau tiède. Mélangez le citron et le vinaigre au bouillon. Avec le sucre, faites un caramel à sec (sans eau) dans une casserole : remuez avec une cuillère en bois et lorsque le caramel est auburn (brun-roux), décuisez-le hors du feu en incorporant le mélange citroné (attention aux éclaboussures).

Ajoutez le ketchup, le concentré de tomate, détendez le mélange avec un peu d'eau froide selon l'apparence de la texture, mais ne noyez surtout pas la 3 S qui doit rester souple. Salez, poivrez. Avec détermination, c'est le moment, ajoutez le Tabasco (à votre goût), liez le tout avec l'huile d'olive pour lisser la Sweet & Sour Sauce, laissez-la frémir sur le feu 2 mn.

Elle condimente à merveille toutes les volailles et les viandes blanches. La 3 S se conserve plus de 8 jours au frigo dans une boîte Tupperware.

Truc musique

Betty est pâtissière à Londres. Sa boutique, **La crème de la crème,** *est le passage obligé de tous les amateurs de desserts à la française.*

tartare de betterave au tabasco

Récupérez le jus des betteraves précuites dans un bol. Pelez les betteraves, coupez-les en petits cubes et réservez-les dans un saladier. Ajoutez, dans l'ordre, les condiments mentionnés dans la recette, remuez le tartare de betteraves, réservez-le 1 h au frigo.

Dressez le tartare sur assiette à l'intérieur d'un cercle de 5 cm de diamètre, dessinez un ruban d'huile d'olive autour du cercle, aspergez du jus de betterave, posez un jaune d'œuf de caille dans sa coquille sur chacun des tartares de betterave.

Panier de la jardinière pour 6

Assaisonnement

1 c à soupe de Tabasco
50 g de cornichons en petits cubes
50 g de câpres au vinaigre égouttées
1 c à café de raifort
1 c à soupe de mayonnaise
3 c à soupe de persil plat haché
1 c à café de yorchester sauce
1 échalote hachée
1 c à soupe de vinaigre de vin
3 c à soupe d'huile d'olive
1 c à café de sel fin
4 tours de poivre noir du moulin

500 g de betteraves Félix en rondelles ou à défaut sous vide
6 jaunes d'œufs de caille dans une moitié de coquille

Truc cuisine

J'adore les tartares de légumes inspirés du steak tartare. Celui à la betterave s'inspire de la recette classique. Les meilleures betteraves en saumure sont les betteraves Félix. *On les trouve toute l'année chez Ikéa ou à l'église suédoise lors de leur kermesse annuelle, chaque premier week-end de décembre (9 rue Médéric, Paris XVII*e*).*

AU MAGASIN TOUT VALSE

nom de l'enseigne : *Tati « libre-service du textile », c'est le* marché au plus…

créateur : *Jules Ouaki, un Tunisien bouillonnant d'ambition, du quartier de la Goulette, une station balnéaire populaire près de Tunis.*

conditionnement : *carreaux en vichy rose et blanc. Normal, c'est culturel dans la dynastie Ouaki.*

date d'origine : *1948, ouverture d'un joyeux bazar dans le quartier Barbès,* XVIIIe.

ingrédients : *le foutoir absolu, dans les bacs et sur le boulevard de Rochechouart, la rue est à Tati. On s'apostrophe, les portes claquent, c'est beau Tati, on voit la vie en rose et ça fait quelque chose…*

fabricant : *La méthode à Jules, c'est des prix plancher, le pas coûteux, le tout avenant pas cher. Azzedine Alaïa emballé par le « Vuitton Maghrébin », dessine et signe Alaïa pour Tati du sac, du T-shirt, de l'espadrille… Pour sentir bon, aspergez-vous à l'eau de toilette Tati Paris ; pour vos bobos, pansez-les avec l'adhésif Tati, ça fait plus chic ; pour se faire tirer le portrait Taticlic, et avec Tati Or vous aurez une bonne mine.*

slogans publicitaires : *« Tati les plus bas prix », « Grâce à Tati t'as tout », « Toute Tati toute à toi » (un vidéo clip de Sarah Moon), « Tati tout », « Tati à votre service ».*

qui se cache derrière le parfum Tati ? *Distribution des rôles : Pour le design, les ateliers Dinand ; pour le flacon, Hubert Varlet ; pour le jus, Jacques Vignaud ; pour le capot, Jacques Pivraudran ; pour la pompe, Valois ; pour l'étui, Saillard.*

Cinquante ans après, c'est toujours le souk. J'ai eu envie de partager un de ces moments délicieux que seul un Tatimaniaque initié peut offrir à un novice. Des minutes inoubliables : faire son marché chez Tati, c'est un vrai régal. Imaginez quand la foule se presse, qu'elle grouille sur le boulevard, qu'on déborde dans les bacs, qu'on se bouscule, qu'on s'apostrophe, qu'on s'arrache le tricot, la gainette en satin extensible, ou la balerine en polychlorure de vynil... Forcément, ça décoiffe. Un moment d'émotion à bas prix que seul Tati peut offrir... Alors, suivez le guide.

5 millions de paires de collants, 1 million de soutiens-gorge, 3,5 millions de petites culottes, 2,3 millions de jouets, 1 million de tubes de rouge à lèvres, 500 000 pull-overs, 250 000 sacs à main, 28 000 robes de mariées, vendus par an sous l'enseigne Tati, c'est pas rien. Des boutiques dans le monde entier, même une sur Fifth Avenue ou Tati Or, avenue de la Paix, à côté des plus grands de la joaillerie.

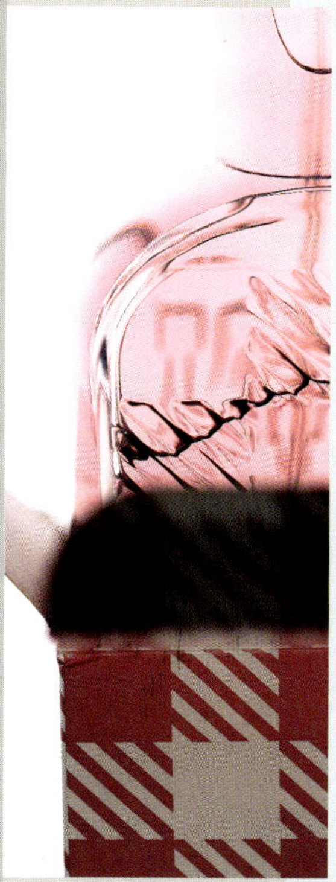

Pour fêter son demi-siècle de succès, le célébrissime magasin de Barbès est entré dans la légende en vichy rose et blanc, comme on entre, en habit vert, à l'Académie française. Un véritable hommage rendu par cinquante stars de l'objectif. Des instantanés pris sur le vif dans le souk parisien accrochés aux Arts-Décos. À l'affiche : Roversi, Lambours, Lele, Rebuffa, Sieff, Abel, les Boubat, Keïta, madame Deneuve, Sarah Moon et Mondino. N'attendez plus, acheter votre exemplaire « TATI 50X50 », ça ne coûte qu'une poignée de cerises, c'est cadeau.

MODE D'EMPLOI TATI

Au Tati de Barbès-Rochechouart, évidemment, y'a pas photo, c'est « the best ».

Prenez aux caisses votre panier plastique bleu ou rouge. Commencez par un petit repérage tout en douceur au rez-de-chaussée, respirez l'ambiance puis attaquez les escaliers quatre à quatre, passez au crible chaque étage, toutes les opportunités sont bonnes à prendre. Au passage, jetez un œil sur les vendeuses labélisées, elles bossent dans le bonheur.

TaraTati ! Si, si, je me suis reconnue, je suis une Tatiphile pur coton, sapée de la tête aux pieds, une vraie *fashion victim*, une accro au FCT (Fringué Chez Tati), comme on dit entre branchés.

Mais que non, ce n'est pas vulgaire de s'habiller chez M. Jules Ouaki, le bâtisseur de la dynastie.

Vous voulez avoir le look femme d'affaires, c'est facile, rayon « tendances », au premier étage. Avant, les dames chics cachaient leurs sacs Tati dans leur sac Dior. Maintenant, les dames du monde cachent leur sac Dior dans leur sac Tati dessiné par Andrée Putman, celle qui a déjà lancé la ligne au slogan « la rue est à nous ».

Tati, ce n'est pas qu'un libre service du textile, c'est aussi « ARTATI », boutiques d'objet, d'artisanat ou exposition d'œuvres d'art, à l'écoute de la créativité artistique, avec des expos regroupant plusieurs artistes : Combas, Jean-Edern Hallier, Di Rosa, Schnabel, Klein...
Y'a même eu la création d'un label musical « ARTATI 001 » présidé par le fils à son papa, Fabien Ouaki.
Goûter, avant d'autres – après, vous aurez les mains pleines –, les italiennes à la mode Tati... Vendues près du coin bonbon à prix imbattables, au choix, le cornet boule simple ou le double, tout simplement délicieuses.
Le sachet géant de guimauve turquoise, rose, jaune et vert layette n'est pas mal du tout pour remplir votre bocal à bonbons.

PANIER DE LA PÂTISSIÈRE
POUR 6

GARNITURE

2 pressions de Tati-Paris flacon rose
30 g de pralines roses (confiserie)
24 biscuits roses de Reims (épicerie fine)
130 cl de crème liquide
30 g de sucre glace
10 fraises
10 fraises Tagada (Haribo)

IMBIBAGE DES BISCUITS

3 cl de grenadine
10 cl d'eau

DÉCOR

2 fraises
3 fraises Tagada (Haribo)
du sucre glace

Sur une planche à découper, à l'aide d'un marteau, concassez grossièrement les pralines enfermées dans du papier sulfurisé lui-même enveloppé dans un linge. Montez la crème liquide bien froide en chantilly au batteur électrique. Mettez le sucre glace à la fin, fouettez à nouveau. Ajoutez délicatement à la préparation les pralines, les fraises fraîches coupées en 2, les Tagada en morceaux ainsi que 3 biscuits de Reims écrasés grossièrement.

Mélangez dans une jatte l'eau et la grenadine, imbibez les biscuits restants très légèrement. Tapissez-en le fond du moule et les bords. Remplissez l'intérieur d'Atout-cœur de chantilly-pralinée à 1,5 cm du haut du moule,vaporisez légèrement de Tati-Paris et recouvrez le gâteau des derniers biscuits imbibés.

Mettez au congelo 2 h minimum. Au moment de servir, trempez quelques secondes le moule dans de l'eau chaude, écartez les bords, retournez délicatement le gâteau sur un plat transparent, appuyez sur le fond pour l'extraire de son réceptacle.

A l'aide du piston muni d'une douille cannelée, modelez en zig-zag des volutes de chantilly. Décorez des fraises fraîches et des Tagada. Saupoudrez les biscuits de Reims de sucre glace.

Huilez la volaille, salez et poivrez, glissez à l'intérieur le citron entier et la coriandre fraîche, fermez l'orifice du poulet à l'aide d'un pic en bois pour éviter que la garniture ne s'échappe. Posez le poulet sur une broche ou dans un plat.

Comptez 90 mn de cuisson à 160° (th 5-6), arrosez de temps à autre. Dans la dernière demi-heure, arrosez toutes les 10 mn et dans la dernière ligne droite, l'auteur recommande un assaut final à 240° (th-8). À surveiller de près, sauce comprise, elle ne doit en aucun cas brûler.

À 10 mn de l'échéance de la cuisson, prenez le flacon-atomiseur Tati Paris. Ajoutez uniquement 2 pressions dans la sauce. Remuez le jus, déglacez-le avec un peu d'eau chaude, remettez au four pour 2 mn. Laissez reposer quelques instants à la sortie du four. Découpez le poulet, disposez dans un plat de service chaud. Tati soit bon, soit bon !

PANIER DE LA MÉNAGÈRE POUR 6 TATIMANIAQUES

2 pressions de Tati-Paris flacon rose
1 poulet fermier de 2 kg élevé 81 jours en plein air
5 cl d'huile d'arachide
sel fin
poivre blanc moulu
1citron confit
1/2 bouquet de coriandre
1 pic en bois

TRUC CUISINE

Le flacon rose révèle le mystère de la mangue, du ylang ylang, du tagète, de la tubéreuse, (plante vivace bulbeuse très parfumée), du jasmin, de la rose, de la framboise, du santai, des fèves du Tonka, de l'ambre, de la vanille, du musc. Deux gouttes de cet élixir suffiront pour vous envoûter sans danger : ces composantes sont des huiles essentielles, issues directement des plantes. D'après la superbe recette toscane de François simon.

TEFAL
VOUS RÉUSSIT !

nom du produit : *Tefal, c'est une poêle anti-adhésive qui n'attache jamais, c'est du solide.*

conditionnement : *Dans un fourreau en carton qui enserre le manche, enveloppe en partie la poêle et protége son revêtement.*

créateurs : *Marc Grégoire, ingénieur en électronique, et Louis Hartmann, ingénieur chimiste, ne sont pas à un défi près. Ils décident de recouvrir une vulgaire poêle en alu de « polytétrafluoréthylène », une résine synthétique testée en 1938 par Du Pont de Nemours. Les deux camarades de jeu venaient d'inventer la première poêle anti-adhésive française, celle qui allait révolutionner notre manière de concevoir la cuisine. Cette poêle historique est accrochée au musée Du Pont de Nemours à Wilmington dans le Delaware (États-Unis). Que c'est émouvant ! Aux États-Unis Tefal n'est pas commercialisé sous son nom d'origine. En effet Du Pont de Nemours revendique la racine Tef déposée pour le Teflon dans les années 1940. Tefal se fait appeler T-Fal.*

date d'origine : *2 mai 1956, la société Tefal voyait le jour à Sarcelles. Il était une fois un ingénieur en électro, pêcheur émérite, bricolo du dimanche… qui un jour se fabrique une canne à lancer en fibre de verre. Chaque tube enroulé sur un mandrin devait être cuit, mais à la sortie du four les tubes restaient scotchés sur la broche… Il eut alors l'idée géniale d'utiliser le P.T.F.E. (polytétrafluoréthylène), et il obtient un parfait démoulage. Madame Grégoire, ayant un sens pratique très développé, dit à son bricolo de mari : « Chéri, fabrique-moi une poêle qui n'attache pas ! » Une fois de plus, les hauts dignitaires de la casserole crurent à un gadget. Alors, Madame Grégroire prit les poêles en main, et après quelques démos en lieux et places, elle lança sa Tefal au Salon des Arts Ménagers. Succès total et encore jamais démenti.*

fabricant : *L'usine s'est implantée en Haute-Savoie à Rumilly proche de son principal fournisseur d'aluminium. Tefal fabrique et perfectionne sans cesse ses propres revêtements à 2 couches puis à 3, propose successivement Tefal bis, T-Plus, et Ultra-Plus… L'entreprise est confrontée tout à la fois à des problèmes de trésorerie et à un besoin de croissance. C'est en août 1968 que S.E.B. (Société d'emboutissage de Bourgogne) devient l'actionnaire principal de Tefal*

PANIER DE LA BOULANGÈRE POUR 6 MOST-WANTED

1 sauteuse Tefal avec couvercle de 24 cm de diamètre
4 cuillères à soupe d'eau tiède
500 g de farine bio
4 g de sel fin de mer iodé
12 g de bicarbonate de sodium officinal (pharmacie et droguerie)
30 cl de lait fermenté (rayon frais en grandes surfaces) ou ajoutez au lait 3 gouttes de vinaigre blanc ou de jus de citron

Tamisez la farine directement dans le bol-batteur muni du crochet de pétrissage. Incorporez le bicarbonate et le sel à la farine, mélangez, puis ajoutez le lait fermenté. Pétrissez immédiatement à petite vitesse sans trop travailler, juste le temps que les élements fassent un pâton.
À l'aide d'une spatule, raclez les bords du bol afin qu'ils soient parfaitement propres.

Farinez le plan de travail, rabattez trois fois le pâton sur lui-même, façonnez une boule, et retournez-la vers vous. À l'aide d'une lame de rasoir, tracez une croix de 2 mm de profondeur sur toute la longueur du soda-bread. La légende dit que ceci empêcherait les fées de voler le pain.

Sans plus attendre, déposez l'irish soda-bread dans la sauteuse Tefal, versez 5 cl d'eau dans le fond, mettez le couvercle et cuisez à feu moyen pendant 20 mn. Pendant ce remps, préchauffez le four à 200°C (th 6-7). Lorsqu'il ne reste plus d'eau dans la sauteuse Tefal, decollez la boule de pain retenue par une fine pellicule d'amidon et poursuivez la cuisson 20 mn au four.

C'est cuit lorsque vous tapez sur le soda-bread et qu'il sonne creux. Vous avez aussi la possibilité de sonder le pain à l'aide d'une aiguille à tricoter, elle doit en ressortir sans aucune trace. Coupez des tranches larges et dégustez les yeux fermés.

TRUC CUISINE

Le soda-bread est le pain quotidien de l'Irlandais. L'autochtone, de bon matin, se délecte d'œufs frits au bacon en sirotant sa tasse de thé brûlant. Vous voulez être ultra-hip (dans le coup) ? En un temps record, faites votre pain vous-même sans four ménager et devenez une « most-wanted » (l'objet du désir). Cette audace est un pari gagné d'avance.

tortilla de frites

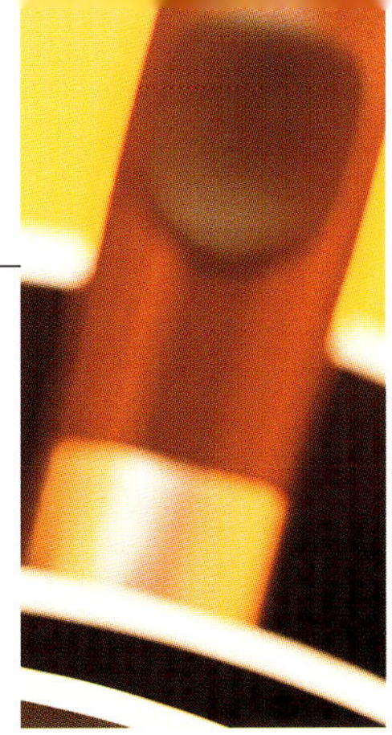

Préchauffez le four 10 mn à 225°C (th 7-8), enfournez les frites sur la plaque, laissez dorer 7 mn et réservez-les sur un plat. Battez les œufs en omelette à la fourchette sans trop les fouetter, salez, poivrez, ajoutez à la préparation tous les aromates, mélangez une dernière fois avant de cuire la tortilla.

Versez 2,5 cl d'huile dans chacune des poêles Tefal et chauffez-les à feu moyen. Tapissez de frites le fond d'une poêle, versez les œufs battus sur les patates, couvrez le temps que la surface de l'omelette coagule. Dans la seconde poêle chaude, retournez délicatement la Tortilla. Laissez cuire doucement afin que la texture de l'omelette reste moelleuse.

Dressez sur un plat de service, coupez en triangle comme une tarte. Dégustez avec une salade de mesclun ou de pourpier doré.
Comme disait Coluche à propos des dîners de Rika Zaraï : « Dépêchez-vous de manger, le dîner va faner. »

PANIER DE LA MÉNAGÈRE POUR 8 MEXICANOS

2 poêles Tefal T-plus de 24 cm de diamètre
600 g de frites « Just au FOUR » McCain
9 œufs 65/70 g classe A
5 cl d'huile d'arachide

AROMATES

7 g d'ail pressé
1/2 botte de persil plat haché finement
1 botte de ciboulette ciselée
5 g de sel fin
5 tours de poivre en grains au moulin

PANIER DE LA MAMA POUR SES 6 PETITS

PÂTE

1 poêle Tefal de 28 cm et 1 poêle Tefal de 30 cm de diamètre
1 shaker Tupperware de 750 ml
150 g de farine type 45
5 g de levure boulangère diluée dans15 cl de lait (24° l'été, 35° l'hiver)
2 œufs
1 c à soupe d'huile d'olive

GARNITURE

100 g de jambon à la coupe Paul Prédault en chiffonade très fine
1 boîte d'anchois allongés (facultatif)
2 tomates en rondelles
1 boule de mozzarella
10 feuilles de basilic
1 pincée d'origan séché
sel
poivre
la bouteille d'huile d'olive

Dans votre shaker Tupperware de 750 ml, mettez dans l'ordre tous les ingrédients de la pâte. Il est plein à ras bord mais le mélange se fait bien. Versez directement la pâte à pizza dans la poêle Tefal froide de 28 cm de diamètre, comptez 10 mn à feu modéré en couvrant à demi : la pizza doit être complètement prise, retournez-la dans votre poêle Tefal de 30, à défaut glissez-la sur une grande assiette et remettez-la à cuire dans la même poêle.

Sur la pizza retournée, disposez le jambon, les anchois, les rondelles de tomates et de mozzarella coupées finement, les feuilles de basilic déchirées. Parsemez l'origan à la volée, salez et poivrez.

Faites cuire à nouveau 10 mn à feu doux en couvrant à demi. Glissez sur un plat de service et, à l'aide de la roulette, découpez 6 belles portions de pizza à la poêle. Aspergez de quelques gouttelettes d'huile d'olive de qualité première pression à froid et dégustez rapidement cette pizza moelleuse et collante.

Confection des perles de neiges. Déposez rapidement tous les ingrédients dans la cuve de votre robot-ménager. Au moyen du crochet, faites tout d'abord tourner la pâte en première vitesse jusqu'à ce que les ingrédients soient mélangés, puis en deuxième vitesse, jusqu'à ce que la pâte se décolle parfaitement des parois. La texture sera alors souple et luisante. Comptez 10 mn de pétrissage. Pour obtenir ce résultat, rabattez régulièrement la pâte à l'aide d'une corne en plastique au centre du crochet et saupoudrez de farine les parois de la cuve. Couvrez cette pâte d'un linge et laissez reposer pendant 1 h à une température ambiante de 24°C.

Farinez votre plan de travail, déposez votre boule de pâte sur la table. Découpez 16 morceaux de pâte d'environ 30 g et roulez-les en boules. (Lire le conseil de la cuisinière.) Disposez les perles des neiges sur la plaque du four recouverte d'un papier sulfurisé, recouvrez-les d'un linge et stockez-les 1 h à une température ambiante de 24°C.

Lorsqu'elles auront doublé de volume, chauffez 125 g d'eau dans la sauteuse et ajoutez 25 g de sucre. Lorsque l'eau frémit, faites tomber délicatement 8 perles dans l'eau. Cuisez-les 5 à 6 mn à feu doux, à couvert tout en vérifiant la caramélisation à travers le couvercle : quand le caramel est blond, les perles sont cuites. Décollez-les délicatement à l'aide d'une spatule souple et déposez-les dans un plat de service. Faites fondre immédiatement des petites noix de beurre sur les perles encore chaudes. Renouvelez l'opération pour la deuxième fournée.

Conseil de la cuisinière . Le bon plan des pros pour façonner : c'est de fariner le plan de travail, d'aplatir au carré chaque morceau de pâte, de rabattre les 4 bords extérieurs au centre et de retourner la pâte, ouverture en dessous. Avec la paume de la main, roulez la perle sur elle-même pour former une boule parfaite. Au début, elles seront carrées, puis rectangulaires, et enfin au bout de 1000 vous saurez *bouler* en jargon de métier.

TRUC PÂTISSERIE

C'est une pâte briochée cuite à l'eau qui ressemble aux « Dampfnüdle », petits pains alsaciens gonflés à la vapeur.

PANIER DE LA SKIEUSE POUR 8 FONDUS

1 sauteuse Tefal de 32 cm de diamètre avec son couvercle transparent
250 g d'eau
50 g de sucre roux
30 g de beurre

PERLES

250 g de farine
15 g de sucre semoule
4 g de sel
40 g de beurre
100 g de lait entier
1 œuf
10 g de levure boulangère émiettée

nom du produit : *Tupperware, boîtes en plastique hermétiques et étanches en polyéthylène de couleur. Roi du bol et n°1 en France. Marque emblématique devenue un fait de société.*

conditionnement : *bols, maxibols, spatules, rouleaux et feuilles à pâtisserie, shaker, moules à charlotte, pichets gradués... une gamme de plus de 150 produits.*

créateur : *Earl Tupper, un ingénieux chimiste américain, rêvait de mettre le monde en boîte. Il eut deux idées de génie : le « wonderbowl », bol miracle à couvercle hermétique et étanche, et la vente par démonstration à domicile. Le système est increvable et emballe toujours son monde. Tupperware a du bol de mettre les petits plats dans les grands.*

UN PETIT BOL...

UNE GRANDE HISTOIRE !

date d'origine : *1946, mise en vente aux États-Unis du premier bol hermétique. Dès 1951 mise en place du système de vente et démonstration à domicile (V.D.M.). Les petites boîtes se vendent comme des petits pains. 1961, création de Tupperware-France. 1973, une usine est créée à Joué-les-Tours.*

fabricant : *1958, Earl Tupper vend sa société à un homme d'affaires, Justin Dart, qui crée Dart Industries. 1980, Kraft Foods rachète Dart Industries et donne naissance à un nouveau groupe Dart & Kraft qui lui-même constitue une société : Premark International. Tupperware devient filiale à 100% de Premark International. 1996, Tupperware entre à la Bourse de New York. 3 foyers sur 4 possèdent au moins un modèle de la marque.*

slogans publicitaires : *« Tupperware, un style de vie », « Le shaker Tupperware se veut être l'ustensile qui facilite la vie des femmes actives »...*

PANIER POUR 8 DÉSSERTEURS

pichet gradué 2 l D 21
bol junior 2,75 l D 41
2 moules couronne D 20 de 16,5 cm de diamètre
2 couvercles cœur ou étoile du kit D 16
shaker 550 ml D 10
50 cl de crème liquide
1 gousse de vanille
1 sachet Alsa express arôme vanille
7 gouttes d'amande amère
1 c à soupe de sucre en poudre
30 cl de lait entier

POUR LES FAINÉANTS LES COULIS SURGELÉS

200 g de coulis de fraises
200 g de coulis de framboises (Picard surgelés)

POUR LES COURAGEUX LES COULIS FRAIS

500 g de fraises bien mûres
2 c à soupe de sucre Muscovado, à défaut de sucre de canne
10 feuilles de menthe
2 épis de lavande égrainés
2 c à soupe d'Oro di Veneré (huile d'olive aromatisée au citron, Italie), à défaut une huile d'olive vierge
1 c à soupe de vinaigre balsamique
1 c à café de vinaigre blanc
5 tours de poivre noir

Formule pour les initiés : D 21 + D 41 x D 10 x D 20 = HB

Démonstration pour les néophytes :
Mesurez 50 cl de crème dans D 21. Fendez et grattez la gousse de vanille, ajoutez-la à la crème. Secouez énergiquement pour séparer les grains puis laissez infuser 10 mn. Dans une casserole, portez le mélange à ébullition pour tuez les bactéries, laissez refroidir et retirez la gousse.

Versez Alsa express, l'amande amère et le sucre dans D 41, diluez avec le lait et ajoutez la crème vanillée D 21. Agitez D 41 comme si vous jouiez des maracas. Pour bien être en mesure, mettez le 33 tours de Guillermo Portabales *Y sus guitarras* sur le pick-up, posez le saphir sur *Guantanamera*, vous aurez le rythme. Arrêtez de secouer quand la chanson est finie, pas un seul grumeau.

Transvasez la crème de D 41 dans les moules D 20. Fermez chacun des moules avec les couvercles cœur ou étoile D 16. Passez 6 à 8 h au frigo le temps que la panna cotta soit figée. Démoulez sur 1 ou 2 plats de service. Dressez Hermé-tiquement bon dans de jolies assiettes creuses. Décorez d'un ruban de coulis de fraises et de framboises autour de la panna cotta.

Les coulis frais : mettez tous les ingrédients dans la cuve de votre robot-ménager, turbinez 5 mn à grande vitesse. Transvasez le coulis dans D 10, c'est plus facile à verser. Mettez à refroidir quelques heures au réfrigérateur.

Panier de la ménagère pour 8

pour 1 moule de 28 cm de diamètre

pichet gradué 2 l D 21
250 g de farine ordinaire type 45
1 c à café de levure chimique
1 c à café de sel fin
100 g d'huile d'olive
100 g d'eau chaude
bol junior 2,75 l D 41
rouleau à pâtisserie D 29
feuille à pâtisserie D 28
racloir D 9

Mesurez les ingrédients dans D 21, transvasez-les un à un et dans l'ordre dans D 41. Secouez énergiquement D 41 10 fois horizontalement puis 10 fois verticalement. Ouvrez, la pâte est prête à l'emploi.

Mettez rapidement la pâte en boule, si la pâte a un aspect granuleux, c'est normal. Mettez des glaçons dans D 29 pour refroidir et raffermir la texture. Récupérer la pâte fée-minute à l'aide de D 9 et étalez-la rapidement sur D 28.
Foncez immédiatement un moule à tarte Téfal, le fond de tarte ne souffre pas l'attente, piquez-le à la fourchette.

Traficotage :
Version salée. Garnissez le fond de tarte fée-minute de spaghetti de courgettes crues liés à l'œuf, ajoutez des fausses pattes de surimi, saupoudrez de piment et de coriandre fraîchement hachée. Glissez au four préchauffé à 210°C (th 7) pendant 35 mn environ.
Version sucrée. Cette fois, garnissez le fond de tarte fée-minute d'une râpée de pommes à la cannelle ou de poires cuites au vin.

Conseil de la cuisinière : conservez votre rouleau D 29 rempli d'eau au freezer 24 h sur 24. Pour abaisser vos pâtes, vos feuilletages à température dans les meilleures conditions.

Truc pâtisserie

Le temps presse… La solution : le bol batteur 3l Tupperware. En 60 secondes maximum, vous obtenez une pâte prête à l'emploi, sucrée ou salée, sans obligation de mettre la main à la pâte. C'est monsieur Tupper qui travaille à votre place.

PANIER DE LA MÉNAGÈRE POUR 8

shaker 750 ml D 42
sauteuse Tefal à couvercle
200 g de lardons nature, découennés et sans cartilage
15 g de beurre
2 tranches de jambon supérieur découenné pré-cuit à l'étouffée
375 g de crème épaisse
20 g de farine
10 g de sel fin
1 pincée de muscade
2 g de poivre blanc du moulin
125 g de lait
6 œufs
100 g de gruyère du Jura au lait cru râpé

Blanchissez les lardons dans une casserole d'eau bouillante pendant 5 mn. Rincez à l'eau fraîche, puis faites-les rissoler dans la sauteuse Tefal avec le beurre et réservez. Otez le gras du jambon et coupez les tranches en petite julienne et réservez.

Dans D 42, mettez dans l'ordre la crème, la farine, le sel, la muscade, le poivre et le lait. Fermez le shaker et agitez dix fois horizontalement et dix fois verticalement.

Dans un bol, cassez les œufs un à un et les délier à la fourchette sans trop les travailler.

Tapissez la sauteuse avec 50 g de gruyère rapé, répartissez les lardons et la julienne de jambon, coulez le mélange du shaker et ajoutez les œufs. Parsemez le restant du râpé pour gratiner.

Posez la quiche lorraine sans pâte sur un feu doux, pendant 30 mn, laissez cuire le temps que la quiche lorraine sans pâte soit parfaitement cuite et gratinée. 5mn avant la fin de la cuisson, couvrir pour cuire le dessus de la quiche.

Cette quiche sans pâte doit être toute « chevelotte », c'est-à-dire onctueuse.

TRUC CUISINE

Je pensais que le steak-frite (79%) était le plat préféré des Français. Pas du tout, il est devancé par la quiche lorraine avec 81 % de suffrages. Elle abandonne son statut d'entrée, pour devenir le plat de résistance explique Irène Karsenty, rédactrice en chef de **Cuisine et vins de France**, *sondage Ipsos/C.V.F. Enquête menée sur un échantillon de 1012 personnes. Le pot-au-feu fait un score de 79%, la blanquette arrive tout de suite derrière avec 78%, la paella et la pizza sont ex-aequo avec 73%. Mesdames, votre congelo s'affirme comme un véritable garde-manger avec 67%, vous ne pouvez vous passer de votre poêle anti-adhésive pour 55%, Tefal comprise et vous jugez votre cocotte-minute indispensable pour 50%.*

Maman a toujours eu une énergie cosmique à revendre. Dans son placard, elle empile une des plus belles collections de « Tupperware ». Des coloris à en faire pâlir d'envie les vieux collectionneurs atteints du syndrome de Peter Pan (le refus de grandir). En jaune, en rose, en turquoise, en blanc et en vert, indéfinissable. Dès le début des premières réunions, ma mère a rejoint le réseau V. D. I. (Vendeuses à Domicile Indépendantes). Un système super astucieux fondé essentiellement sur la bonne camaraderie à l'aide-ménagère « ...T'en prends combien ? Sept - en bleu ? - J'en veux sept en bleu, sept en vert et peut-être aussi sept en rose pastel...» Le système est très stimulant et redoutablement efficace. Ma mère ratissait large. Ça en faisait des tantes Jeanne pour ses « home-parties ».

Je ne mène personne en bateau avec cette histoire. Elle est authentique. Quand les vieux de la voile parlent en vieux loup de mer, ils ne jurent que par les coques en bois et comparent les bateaux en plastique a un « Tupperware ». En 1958, pourtant, Eric Tabarly inventa une coque de polyester pour sauver son *Pen-Duick*, en utilisant sa vieille coque de noix comme moule. Qu'est-ce qu'elle répond, la marine...

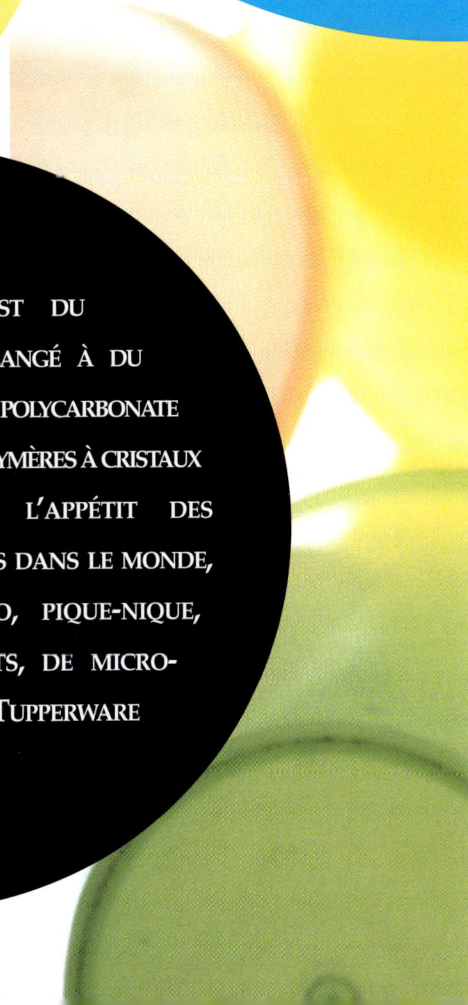

Pas de plastique ! C'est du polypropylène (70%) mélangé à du polyéthilène (13%) avec du polycarbonate (9%) et une petite goutte de polymères à cristaux liquides. Pour entretenir l'appétit des ménagères de moins de 50 ans dans le monde, une ligne frigo, congélo, pique-nique, modulaire de rangements, de micro-ondes... À quand la Tupperware Pride ?

UNCLE BEN'S

nom du produit : *Riz long grain Uncle Ben's cuisson 18-20 mn. Le riz est une graminée céréalière.*

conditionnement : *Boîtes en carton de 500 g et de 1 kg conditionnées à Olen en Belgique par Master Foods. Initiation au marketing : le « facing » définit l'ensemble des techniques destinées à faciliter la vente du produit. En clair, le consommateur se prend la marque de face en panoramique avec la qualification du produit à l'intérieur de l'emballage. Tournez la boîte dans le sens des aiguilles d'une montre, vous êtes sur le côté droit de l'emballage. Le fabricant vous facilite le geste avec un système d'ouverture et de fermeture facile, le paquet est en principe utilisé plusieurs fois, alors il faut du pratique. Vient l'explication du mode de cuisson en 3 étapes : avec arrêt sur image, dès fois qu'on oublierait, un rappel de la marque et du produit. Au dos du packaging vous êtes toujours et encore avec « Uncle Ben's, c'est toujours un succès » et Uncle Ben's vous offre en prime sa collection de savoureuses recettes qui se préparent en 10 mn, c'est pas épatant ?*

créateur du produit : *L'uncle Ben, figure emblématique du produit, a deux papas : E.G. Huzenlaub, un chercheur anglais qui mit au point un procédé pour améliorer la valeur nutritionnelle du riz, et Gordon L. Harwell, qui construisit un appareil de cuisson sous pression. Les deux techniques se complétaient. Forrest E. Mars apporta le financement à la construction de la première usine de riz Converted (marque déposée). Manquait qu'une chose : trouver un nom !*

TOUT CE QU'IL FAIT C'EST PARFAIT

fabricant : *Uncle Ben's est un produit fabriqué et conditionné par Master Foods en Belgique, Commercialisé en France par Unisabi.*

date d'origine : *1942, création de la marque « Uncle Ben's » commercialisant le premier riz étuvé et incollable. « Uncle Ben » était connu de tout Houston pour produire le meilleur riz. Sa récolte était devenue la référence.*

ingrédients : *Riz long grain américain étuvé.*

slogans publicitaires : *« Choisir Uncle Ben's , c'est choisir la qualité », « Uncle Ben's, c'est toujours un succès ».*

Bens
POUR REFERMER, REPLIER
LA LANGUETTE JAUNE

Salade de riz, jolie, jolie

Panier pour la ménagère de 50 ans pour 8

Riz nature
240 g de riz Uncle Ben's 18-20 mn
1,2 l d'eau
3 pincées de fleur de sel de Guérande
40 g de sucre semoule

Jus acidulé
1/2 orange
1/2 citron
50 cl d'eau
180 g de sucre semoule
une demi-gousse de vanille fendue grattée
quelques lamelles de gingembre frais
5 feuilles de basilic
15 cl de jus d'abricot (au sirop)
le jus d'un citron

Fruits
2 abricots
1 pêche
1 kiwi
1 pomme verte
1/4 d'ananas
1/2 mangue
1/2 papaye
1 fruit de la passion coupé en deux
1 banane
5 fraises moyennes
le jus d'1/2 citron
2 tours de poivre de Sarawak (Malaisie)
30 g de sucre semoule

Pour le décor
12 fraises coupées en 2
5 grappes de groseilles égrappées
1 barquette de framboises
5 feuilles de basilic ciselé

Versez le riz dans l'eau bouillante salée et sucrée, attendez que l'eau bout à nouveau à petits bouillons, laissez cuire 18 mn sans couvrir. Égouttez et rincez le riz à l'eau froide puis, refroidir quelques heures au frigo.

À l'aide d'un couteau économe prélevez les zestes des agrumes.
Dans une casserole, mettez l'eau, le sucre, les zestes, la vanille, le gingembre et faites bouillir. Retirez du feu, ajoutez le basilic. Laissez infuser 30 mn, filtrez, incorporez le jus d'abricot, le jus d'un demi citron et stockez au réfrigérateur pour servir très froid.

Épluchez les fruits. En plus, épépinez la papaye, évidez le fruit de la passion et citronnez la banane. Découpez les fruits en cubes de 8 à 10 mm sauf les fraises, simplement coupées en deux.

Dans un récipient mélangez le riz cuit froid avec les fruits, ajoutez le jus d'un citron, le poivre et le sucre.

Dressez dans un saladier ; garnissez le tour de demi-fraises, décorez de groseilles, de framboises et du basilic ciselé, versez le jus très froid et servez dans des assiettes creuses.

Truc pâtisserie

Le pâtissier Pierre Hermé dit que c'est important de mélanger fruits et riz en quantité égale, si un des fruits venait à manquer remplacez-le par un des autres fruits de la composition.
On peut cuire plus ou moins le riz, mais je pense qu'il est important de ne pas le surcuire pour obtenir un contraste riz-fruits, le chef a dit !

riz au lolo

Faites bouillir et cuire le lait, le sucre, la fleur de sel, le beurre, la vanille, le zeste et le riz, jusqu'à ce que le riz soit cuit et ait absorbé le liquide. Retirez les gousses de vanille, ajoutez l'œuf et les jaunes, cuire quelques instants et mélangez avec les raisins. Garnissez dans un moule en faïence. Réservez au frigo jusqu'à ce que le riz au lolo soit complètement froid.

Consommez à la grande cuillère à soupe.

PANIER DE LA MÉNAGÈRE QUI DIT CE QU'ELLE VEUT

175 g de riz Uncle Ben's longs grains
18-20 mn
1,3 l de lait entier
130 g de sucre semoule
1 g de fleur de sel
80 g de beurre
2 gousses de vanille fendues grattées
le zeste d'un 1/2 citron
1 œuf entier
8 jaunes d'œufs
300 g de raisin blond gonflés sans pépin

mydia dolma de marie

TRUC CUISINE

Mydia est la traduction de moule en arménien. Il est préférable de les préparer la veille. Ce plat se mange froid et ne pèsera nullement sur votre estomac. Les moules ressemblent à de jolies boîtes à bijoux remplies de perles et sont du plus bel effet dans un dîner. Merci, madame Marie.

Nettoyez les moules, frottez-les à l'aide d'une paille de fer. Enlevez toutes les salissures sur les coquilles, grattez celles qui résistent au couteau. Rincez-les à grande eau. Ouvrez les moules à cru par le côté avec un couteau d'office, sectionnez le muscle d'un geste preste sans l'extraire de sa coquille. Si vous possédez un four à micro-ondes passez-les 1 mn à 1 mn 30 pour les ouvrir plus facilement. Dégorgez-les dans un égouttoir tête en bas. Récupérez l'eau de végétation des mollusque, filtrez l'eau. Réservez les moules ouvertes et le jus au frigo.

Cuisez le riz en pilaf *al dente* : Mettez l'huile, faites suer l'oignon, ajoutez le riz et le reste des éléments. Mouillez régulièrement avec le jus de moules et l'eau. Salez peu à cause de l'eau des moules. Laissez refroidir le riz.

Farcissez les moules de riz froid. Dans une grande poêle à fond épais, disposez les moules à plat côte à côte. Mouillez d'eau à mi-hauteur. Posez une assiette par-dessus pour stabiliser les moules durant la cuisson. Comptez 7 mn. Dressez les moules en rosace sur un plat de service.

PANIER DE LA MÉNAGÈRE POUR 4 OU 6

100 g de riz Uncle Ben's saveur lointaine
24 moules d'Espagne
1/2 verre d'huile d'arachide
150 g d'oignons fanes hachés avec les tiges
50 g de persil
1 poignée de pignons
1/2 c à café de piment d'Espelette
1 verre de jus de moule
2 verres d'eau

PANIER DE LA MÉNAGÈRE FATIGUÉE POUR 6

400 g de riz long grain cuisson rapide 10 mn Uncle Ben's
75 cl de bouillon Maggi poule vermicelle filtré
2 g de fleur de sel
1 c à soupe d'huile d'arachide

Mettez le riz dans un moule à soufflé en porcelaine, versez le bouillon (sans le vermicelle) salez, huilez, et filmez le moule. Mettez au micro-ondes et faites cuire à la puissance maximale 10 mn selon la puissance restituée par votre micro-ondes. Dès que le riz créole est cuit, aérez-le à l'aide d'une écumoire.

Vous pouvez manger cette merveilleuse base à tout faire à toutes les sauces. Ajoutez une boîte de 115 g de « chipirones » à l'encre : vous transformerez votre riz blanc en riz noir. Pas besoin de réchauffer les calamars, le riz cuit au micro-ondes est brûlant. L'équilibre sera rétabli par l'élément froid.

Truc ménager

L'intérêt de cette recette est simple : il n'y a pas de casserole à laver.

risotto au camembert

PANIER DE LA CRÉMIÈRE
POUR 8

280 g de riz long grain cuisson 18-20 Uncle Ben's
1 camembert au lait cru affiné à cœur mis au frigo 2 h avant
1 l à 1,5 l de bouillon Maggi poule vermicelle
50 g de beurre
70 g d'oignon haché très finement
10 cl de vin blanc sec
sel au goût (le fromage étant salé)
poivre blanc moulu

Ôtez toute la croûte du camembert, coupez-le en gros morceaux. Filtrez le vermicelle, maintenez-le bouillon brûlant. Dans une cocotte en fonte émaillée, faites suer dans 25 g de beurre l'oignon sans coloration, ajoutez le riz, nacrez-le 2 mn le temps qu'il devienne translucide en remuant sans cesse. Déglacez au vin blanc jusqu'à évaporation presque totale du liquide.

Mouillez de bouillon chaud à hauteur, poursuivez la cuisson en remuant sans cesse et ajoutez le bouillon, louche par louche pendant environ 20 mm. À 2 à 3 mn de la fin, incorporez les morceaux de camembert, remuez le temps qu'ils fondent, poivrez, goûtez, rectifiez l'assaisonnement en sel si nécessaire. Liez avec le beurre restant remuez vigoureusement afin que le risotto soit *all onda* qu'il fasse la vague.

Avant, le risotto, c'était 20 mn solo devant sa gamelle à touiller, touiller, sans relâche. Quelques explications s'imposaient. Gras : indispensable au riz, il fixe les arômes ; riz : le choisir bien résistant ; bouillon : il permet au riz de prendre son volume et libère l'amidon ; geste : *mantecare*, il est essentiel pour lier et alléger le risotto. Le risotto est au top quand il fait *l'onda*.

Aujourd'hui, le risotto, c'est 5 mn dans l'auto-cuiseur suisse Kuhn. Versez le bouillon chaud sur le riz nacré, fermez la gamelle, attendez 5 mn, ouvrez, c'est prêt. Ajoutez le beurre et le parmesan.

TRUC CUISINE

Je ne voudrais pas me faire pincer sur un point de détail : le risotto au camembert n'a aucun goût si on enleve la croûte du camenbert. Le fromage est là pour sublimer la texture, un point c'est tout et c'est déjà pas mal. C'est ce qu'on appelle l'éloge de l'insipide et du fadasse, la fameuse cinquième saveur… C'est chinois, pas du chinois. Leur truc et c'est sérieux, c'est tout l'art de « savourer la non-saveur », c'est la sensation du rien, la référence originelle. Le risotto au camembert en est l'exemple idéal. Ajoutez quelques tranches fines de camembert cru au risotto brûlant, vous retrouvez vos sensations occidentales.

LA VACHE QUI RIT

nom du produit : *La vache qui rit est un fromage fondu associant des fromages jeunes et affinés (emmenthal, comté, gouda...) auxquels sont ajoutés du lait, du beurre, des protéines de lait et un peu de sel.*

conditionnement : *Boîte ronde en carton à l'effigie d'une vache rouge qui rigole, parée de boîtes de fromage en guise de boucles d'oreilles. Ouverture de la boîte facilitée par un fil rouge, c'est le principe du fil à couper le beurre. Les portions triangulaires, elles, s'ouvrent grâce une languette rouge. Le produit existe en 5 formats : 8, 12, 16, 24 et 32 portions.*

créateur : *1865, Jules, le papa de Léon Bel, crée une petite coopérative d'affinage en fromages. Léon et son frère Henri prennent la suite du commerce familial et fondent la société Bel Frères, à Orgelet en 1897. 1921, Léon reprend une recette suisse ancestrale, et lance le premier fromage fondu proposé en emballage individuel. 1926, Léon Bel abandonne la fabrique d'Orgelet et fait construire une usine ultramoderne à Lons-le-Saulnier, susceptible de fabriquer 20 tonnes de fromage fondu par jour. Il fallait un nom, ce fut celui de « La vache qui rit », inventé par Léon Bel, accompagné par le dessin créé également par Léon Bel, d'une vache rouge riant dans un pré. Puis il fit adapter son dessin par Benjamin Rabier, dessinateur et caricaturiste animalier, dont l'ordre de mission était de proposer une « effigie représentant un animal sympathique et capable de susciter la joie et si possible l'affection ». Enfin, Léon Bel la fit modifier par un imprimeur qui la para de boucles d'oreilles. Avec les années, produit et packaging évoluent. En 1988 la languette rouge permet d'enlever le papier aluminium protecteur du fromage sans se salir les doigts. 1986, la vache qui rit se fait légère, 1990, mini, 1991, se marie avec les noix, 1993, épouse le jambon. 1998, le graphisme du packaging est relooké par l'agence Landor & Associates...*

ON DEVRAIT TOUS RIRE AU MOINS UNE FOIS PAR JOUR

fabricant : *Fromageries Bel, comme au premier jour, les usines sont toujours à Lons-le-Saulnier et à Dole (Jura). La vache qui rit est une marque déposée.*

ingrédients : *Lait écrémé, beurre, fromages, protéines de lait, sels de fonte : polyphosphates, citrates, di, tri et ortho-phosphate de sodium, sel soit 22,5% de matière grasse dans le produit fini, soit 50% dans la matière sèche.*

slogans publicitaires : *1984 « La vache qui rit, le fromage à part. »*

Panier de la ménagère pour 6 affamés

1 boîte de fromage La vache qui rit (12 portions)
1 l d'eau de source
1 sachet Maggi poule vermicelle
250 g de « bébé » courgettes
2 jaunes d'œufs
1 jus de citron
50 g de parmesan râpé
1 pincée de muscade râpée
4 blancs d'œufs
sel fin

Portez l'eau de source à ébullition, versez le sachet de Maggi poule, vermicelle, couvrez partiellement pendant 5 mn, filtrez le vermicelle. Lavez les courgettes et coupez-les avec leur peau en rondelles très très fines avec la grille du robot-ménager et réservez.

Dans un bol, détendez au fouet les jaunes avec un peu de bouillon chaud et, hors du feu, ajoutez les œufs battus au bouillon restant et citronnez. Émulsionnez dans le potage 6 portions de La vache qui rit à l'aide du robot-plongeur et ajoutez le parmesan. Faites reprendre un bouillon jusqu'à petits frémissements. Salez légèrement et muscadez.

Montez les blancs en neige très fermes, salez-les pour les raffermir. Mélangez les blancs à la zupa di seta comme pour une mousse au chocolat. Dressez 6 assiettes, répartissez au centre les courgettes crues ; posez une portion de La vache qui rit dans chacune d'elles. Versez la zupa di seta par-dessus.

Truc cuisine

Une belle légende nous explique que Marco Polo (1254-1324), négociant italien, voyagea de Venise jusqu'en Chine. Marco aurait ramené cette « soupe de soie » de ses tribulations chinoises lors d'épopées auprès de Qùbilai Khân, à la cour de Pékin. Ceci expliquant cela, à propos de la texture soyeuse de la « zupa di seta ».

nân au fromage

Tranchez latéralement la pita au 2/3. À l'aide d'une spatule souple en inox, tartinez délicatement l'intérieur de la galette de 2 portions de La vache qui rit en prenant soin de ne pas abîmer la partie qui n'est pas coupée.

Procédez de la même manière pour les 5 autres galettes, sans oublier de les humecter sur les deux faces. Passez les « nân » un à un pendant 2 mn au grille-pain, en les insérant côté non tranché vers le bas pour éviter tout débordement de fromage. Dégustez en accompagnement d'un curry d'agneau, de poulet...

Truc cuisine

Le nân est une galette creuse façonnée habituellement en forme de feuille, cuite sur les parois en terre du tandour – four spécial, cylindrique, où l'on cuit notamment le poulet sans peau et les poissons marinés une nuit dans le yaourt, additionnés de piment et autres épices. Le « tandouri » est un apprêt dans la cuisine indienne. La « pita » est une délicieuse spécialité méditerranéenne qui ressemble beaucoup au « nân ». On les trouve en grandes surfaces. Avec le nân, vous obtiendrez le même résultat.

Panier de la ménagère indienne pour 6

1 boîte de fromage La vache qui rit (12 portions)
1 paquet de 6 « pita » (petites galettes creuses au froment)

potage au potiron et au fromage fondu

Panier de la ménagère au potager pour 4

1 boîte de fromage La vache qui rit (8 portions)
50 g de blanc de poireau
50 g d'oignon
5 g d'ail pressé
800 g net de potiron coupé en gros morceaux
1,5 l d'eau
1 l de bouillon Maggi poule vermicelle filtré
1 belle pincée de noix de muscade
le jus d'1/2 citron
1 bouteille d'huile d'olive avec bec verseur

Nettoyez les légumes, émincez le blanc de poireau, hachez l'oignon finement, pressez l'ail. Faites-les suer dans la sauteuse Tefal légèrement huilée. Ajoutez le potiron, faites rissoler les morceaux 4 mn avec les autres éléments, salez.

Mouillez à l'eau, ajoutez le bouillon Maggi à frémissements. Couvrez laissez mijoter 12 mn à feu moyen.

Versez la préparation dans un saladier. Hors du feu, incorporez les 8 portions de La vache qui rit, émulsionnez au robot-plongeur et turbinez le temps nécessaire pour dissoudre le fromage. Remettez la soupe à frémir quelques minutes sur feu vif. Assaisonnez avec une râpée de muscade, ajoutez le jus de citron, goûtez et rectifiez l'assaisonnement si nécessaire. Dressez en assiettes creuses et dessinez des arabesques d'huile d'olive.

Truc cuisine

Ce potage est délicieux mais il est important de diluer les portions de La vache qui rit hors du feu afin de préserver leur goût. Vous pouvez le renforcer en tartinant de petits croûtons natures (vendus en sachet et prêts à l'emploi) de fromage La vache qui rit. Vous ne les proposerez qu'au dernier moment afin qu'ils restent crousti-craquants. Le truc délire, qui fait de l'effet pour bluffer quelque blasé, c'est d'asperger la soupe d'huile de potiron ; quelques gouttes suffiront. Alors, apparaîtra une belle couleur vert sapin.

PANIER DE LA CRÉMIÈRE
POUR 8

1 boîte de fromage
La Vache qui rit
(16 portions)
100 g de curry en poudre
100 g de chapelure
1 œuf

Préparez 3 coupelles sur le plan de travail. Dans la coupelle 1, mettez la poudre de curry, dans la coupelle 2, l'œuf battu, et dans la 3, la chapelure.

À l'aide de la petite languette rouge, ouvrez aisément les 16 portions de La vache qui rit, rangez-les à la queue-leu-leu sur un plat de service. Trempez chacune des portions dans 1, 2 et 3. Posez à nouveau les vache curry dans 1 sur une seule face.

Mettez au congélo 3 h. Faites frire à 180° pendant 2 à 3 mm, égouttez et posez les vache curry sur du papier absorbant.

Mangez aussitôt, à l'apéritif par exemple.

A l'aube du troisième millénaire monsieur doit-il donner un coup de main à madame pour les travaux ménagers ? Même si, au bureau, madame mène la vie d'un homme ? Ah que non !

A questions nouvelles, réponses nouvelles, une place pour chaque chose, chaque chose à sa place...

le petit labo

Moderniser son foyer, c'est avoir un ménage heureux assuré. Installer confortablement le petit mari devant la télé, avec ses pantoufles, n'est pas un cliché périmé. Alors ! Transformez votre cuisine archaïque du XXe siècle en laboratoire du 3e type.

L'homoconsommatus économise ses mouvements. N'hésitez plus à robotiser votre petit intérieur, offrez-vous ces auxiliaires indispensables au ménage moderne. L'homoconsommatus s'équipe de bonnes à tout faire électriques qui exécuteront en 20 secondes de leurs index métalliques le travail qui exigeait vos dix doigts manucurés.

Fendez-vous d'un screenfridge, cerveau domestique branché sur le net relié à votre supermarché virtuel. Superfrigor gère vos stocks à votre place, au fur et à mesure de vos besoins, il pense et commande pour vous.

Le tablier à circuit d'alimentation incorporé n'est pas un gadget. Muni de son système à reconnaissance vocale, il exécute vos ordres à la voix : « frigo, ouvres-toi ; four, allumes-toi, machine à laver en route ...»

Pour vos petits dîners en duo, offrez-vous l'Optigrill Duo de chez Moulinex, le micro-ondes gril à deux plateaux tournants coulissants, celui qui réchauffe deux plats en même temps : celui pour « monsieur » et celui pour « madame est servie ».

de cuisine du 3e type

Pour le pain bio, le batteur Kitchen Aid remplacera vos mimines, il malaxe et pétrit la pâte à pain avec doigté.

Le mixer plongeant bleu cobalt prendra un air estival et revigorera les potages et les sauces, métamorphosera les émulsions sans fatigue aucune.

Ne pas oublier l'Electro-multitout de poche série 2000 pour les week-end pluvieux à Deauville.

Demandez à Saint Nicolas ou au père Noël de déposer dans votre cheminée le chocolatier électronique Chandré. Grâce à lui, vous pourrez tempérer et enrober vos ganaches au chocolat lait ou noir et rivaliser avec les meilleurs *pro*.

Une cuillère à risotto trouée au centre pour homogénéiser le riz, un mijoteur pour cuire les ragoûts à très basse température sans avoir à se préoccuper du temps qui passe.

Du coup, mesdames, mesdemoiselles, plus de temps pour flâner et se promener en zig-zag, de vitrine en vitrine, de rue en rue. Aujourd'hui, l'appel des devantures devient le mot d'ordre. Pour regarder, comparer, choisir, comme peut enfin le faire chaque jour la ménagère de moins de 50 ans responsable des achats.

bibliothèque

La bonne Cuisine de Mme E. Saint-Ange - Larousse (1907)

La véritable cuisine de Famille Tante Marie - Librairie A. Taride

Recueil de recettes de cuisine Madame Brody Edition (1946)

Cooking with Soup édité par Campbell Economics Department (1972)

Dictionnaire des polluants alimentaires de A. Roig C.E.V.I.C (1973)

Guide de l'amateur de pain, Lionel Poîlane - Robert Laffont (1981)

Le répertoire de la cuisine Gringoire et Saulnier - Flammarion (1986)

Manifold Destiny Chris Maynard & Bill Scheller Revised Edition (1989)

Eloges de la fadeur François Jullien - Editions Piquier (1991)

Les secrets de la casserole Hervé This - Belin (1993)

Secrets Gourmands Pierre Hermé Larousse (1994)

Pasta the authentic Italian Kitchen Strawpaper Press, inc (1994)

La cuisinière du cuisinier Frédérick E. Grasser-Hermé - Belin (1994)

Les saveurs et les gestes Fatéma Hal Stock (1995)

Méditerranées, la cuisine de l'Essentiel Ducasse-Grasser - Hachette (1996)

Pure Ketchup d'Andrew F. Smith University of South Carolina (1996)

Bénies soient ... les pâtes Don Patillo Le Cherche Midi éditeur (1996)

La table de Woody Allen Bernolt Schulz - Edition Stanké (1996)

Flavouring with Mustard C. Gordon-Smith Ryland Peters & Small (1996)

Le dictionnaire des marques de Jean Watin-Augouard - JVDS (1997)

Zappe ton sigle Camus Tass Turbié - Michel Laffon (1997)

Larousse Gastronomique Larousse (1997)

Plaisirs Cachés Pierre Hermé Hachette (1997)

l'Accord parfait philippe Bourguignon - Chêne (1997)

Qualités objets d'en France Chapuis/Herscher éditions DU MAY (1997)

The man who ate everything de Jeffrey Steingarten - Knopf (1997)

Mes confitures de Christine Ferber - Payot (1997)

Desserts by Pierre Hermé - Little Brown (1998)

Le potager plaisir Jean-Pierre Coffe - Plon (1998)

50x50 TATI édité par Fabien Ouaki publié par Steidl (1998)

Mes tartes sucrées et salées Christine Ferber - Payot (1998)

Gourmande et Créole Suzy Palatin - Hachette (1998)

La Beauté comestible. A propos de Dali et d'aliment Pascal Bonafoux - Plume (1998)

Cooking at the Kasbah Kitty Morse Chronicle books San Francisco (1998)

La cuisine d'aujourd'hui Donna Hay - Edition française Könemann (1998)

Mon cochon de la tête aux pieds Christian Parra - Payot (1998)

votre langue

Je serre une spoonfool affectueuse à Hèlène Samuel, la dingo de cuillère qui n'a pas son pareil pour redresser le verbe. Tout mon respect pour son sens unique de poser la ponctuation avec Délices. Si vous respirez entre les phrases : c'est grâce à elle....

12 cuillères au chef de cuisine André Laurent et sa brigade pour aller spooner, ils n'ont jamais renâclé pour tester les recettes de *Délices d'Initiés*. Je serre une spoon en uranium à Fred Vardon pour la recette de Marie Curie qu'il m'a prêtée. 6 leffel alsaciennes à Francis Staub pour ses jolies gamelles, à tata Feig et Mme Viénot, hôtesses tuppermaniaques, à Pit Oberweis pour ses chocolats luxembourgeois, à Catherine et Michel Biehn Alsaciens déguisés en Provençaux, pour leurs tongs du Tibet en rupture de stock permanente, à Dédé Cordel et à Niquette, sa petite femme, pour sa recette de miguaine (quiche lorraine). Une en étain à Ferber, la fée des confitures, pour s'en goinfrer encore et encore. Deux cuillères en caséine à Philippe Model et Pierre Griperay, de gros gourmands insatiables. Une mal'aka en acier inoxydable à Christine Znaty et son beau Charles qui sans moufter ont pâtissé avec application le sucré. J'en remets une louche pour Betty Bitton « la Crème de la Crème » pour son aide précieuse depuis London. Une capete en buis à Lindsay et Patrick Mikanowski pour tous les pompages de cerveaux. Une luge à Mira, qui fut le cobaye docile de *Délices d'Initié,* mastiquant jour après jour sans se rebiffer. Une cuillère en ébène à Caroline Bacon, mademoiselle système démerde. 7 cuillères de camping en plastoc pour le bivouac de l'amitié, à mes trois vieilles copines Mimi, Bab et la Floflo... et m'éviter l'incident diplomatique. Une cuchara à Jennifer Tabary pour sa sauce poisson vietnamienne à avaler à la petite cuillère. Une saji pour Tabary san et ses jus de mots inénarrables. Une sked à Darling Lili et Jean-Pierre Labrande lettré comme on rêve de l'être et nanti d'une mémoire de mammouth. Une cuillère Mickey à Bubu pour ses rancards sur l'histoire du cinéma. Une cuillère Charly Brown pour Frank G. Lipsik atteint du syndrome de Peter Pan, collecteurs d'infos de haute voltige. Trois cuillères dessinées par Raymond Loewy pour Le Concorde, à Jean- Bernard Hebey, collector compulsif du XXe siècle, plus une gouden lebel à Laura Annaert-Hebey, auteur de *Bébé miam miam*.

dans l'assiette, remerciements

Une koutali pour Paul Angélides parce qu'il est grec. Une cuillère de lune à Sophie Boucot pour son soutien psychologique tout au long de cette longue aventure. Pour toi Caro Lisfranc, et toi Bruno Verjus une cuillère en polyéthylène vert néon *made in Hong-Kong*, pour qui importer, fabriquer et faire découvrir l'univers des produits du monde n'est pas un mystère. Une ghachôghe (prononcez *rochoreu*) en aluminium brossé façon Halliburton à Laurence Lepetit de Mogador, mon agence de com. Deux cuillères pour rythmer les danses carrées du Québec, la castagnette québécoise, à Anne Roche-Noël pour toutes ses traductions US à donf'. Une cucchiao à Véronique Dupuis pour sa thèse sur le saindoux. Une cuchara pour le Sud corse et une goutiara pour le Nord, à l'Île de la tranquillité.

Une eul loa arhant à Colette de chez Colette, rien à voir avec Claudine à Paris, parce que je l'aime, tout simplement. 5 loaiou bretonnes à Mariette Landon pour son éternelle modernité. Trois coups de cuillères à pot à ma pote Casanova interdite de cuisine parce qu'elle ne saura jamais faire la bouffe. Casa, ne change pas ! Une cuillère en carton massif Louis XIV, à Amélie Dillemann pour son vrai boulot d'artiste peintre, son talent et ses extravagances. Une cuillère en fer pour Lydie pour sa Mozza et Rella. Deux cuillères XVIIIe pour monsieur le comte et madame la comtesse de Giniac. An ka ba ou lan men pass sé evè sa ou ka manjé, y'a pas de vocable pour cuillère en créooole, à Suzie Palatin, ma copine de *Gourmande et créole*, reine du micro-ondes. Une cuillère en carbone à Yan D. Pennor's, qui témoigne une haine belliqueuse à tout ce qui ressemble à une télévision. Une cuillère en cristal de roche à Josée Lalouelle qui n'a rien foutu mais ne manque pas d'humour. Une cuillère mention spéciale du jury à Henri Deville pour ses allers et retours avec Butterball Turkey. Une cuillère brésilerò à Camus, le fils du grand Marcel, pour ce livre que nous devions faire ensemble. Et aussi à mes sœurs, ma nièce et mon neveux pour le sang bleu qui coule dans nos veines. Des cuillères en zinc à Xavier **et à** Philippe, des éditions Noêsis, pour avoir essuyé mes larmes de crocodile, à Bernard Père, le D.A. de *Délices d'Initiés* et sa fascination du rouge et noir, à Brigitte Bachmann-Prédour, virtuose du graphisme et des polices de style. Deux loëffel à Birgit et Hartmut Kiefer pour leurs beaux yeux. Une cuillère en ivoire à Jean-Christophe Brochier, homme de lettres qui comme nul autre délaye, allège, étaie la syntaxe au stylo plume. Une ménagère en vermeil à Agnès Viénot, mon éditeur adoré, qui a eu suffisamment d'audace et d'intelligence pour me supporter et publier *Délices d'Initiés,* que j'en repasse encore une couche : un grand *thank you very much* bien sincère. Et que m'excusent les oubliés....